ルーン文字の起源

河崎 靖 著

東京 **大学書林** 発行

ルーマニア文学の周辺

住谷 春也 著

大学書林

ルーン碑文

目　次

- はじめに ……………………………………………………… 1
- 序 …………………………………………………………… 6
- 第1章　文化誌的背景 ……………………………………… 10
  - 第1節　キリスト教とギリシア語 ……………………… 10
  - 第2節　フェニキア人の歴史 …………………………… 18
- 第2章　アルファベット文字体系の変遷 ………………… 24
- 第3章　ルーン文字の諸問題 ……………………………… 36
  - 第1節　ルーン文字とは？ ……………………………… 39
  - 第2節　ルーン文字の由来 ……………………………… 55
    - 第1項　ラテン文字説 ……………………………… 58
    - 第2項　ギリシア文字説 …………………………… 62
    - 第3項　北イタリア文字説 ………………………… 65
- 第4章　ルーン文字の起源 ………………………………… 75
  - 第1節　ルーン文字の配列をめぐって ………………… 78
  - 第2節　フェニキア文字説 ……………………………… 83
    - 第1項　頭音法に基づく文字配列 ………………… 85
    - 第2項　子音の表記法 ……………………………… 89
    - 第3項　各語の区切り ……………………………… 90
    - 第4項　半母音 w, j ………………………………… 91
  - まとめ ……………………………………………………… 93
- あとがき …………………………………………………… 96
- 参考文献 …………………………………………………… 99

はじめに

　イギリスの旅行作家ジョン・マン（2000）が言うには、さまざまな文字の種類の中でもアルファベットは「他に例がなく、単純で、適応力に優れている」、つまり「完成された単純さではない。アルファベットの強みは、不完全だからこそ実用的だという点にある」ゆえに「完璧ではないからこそ、逆にちょっと手を加えてやれば、どんな言語にも適応できる」のである。その「ファジーさ（あいまいさ）が成功の鍵」となっている。[1] そして「これまで多くの人びとが使用してきたアルファベットの体系は、以前に生まれた体系を洗練させたか、あるいはすでに確立したものをそのまま受け継いだか、また、どこかから伝え聞いたものをベースにして自分たち独自のものを作り上げるかしたものだった」。[2]

　ここでマンが言うアルファベットとは、ローマン・アルファベットのことだが、文字の伝播や普及について非常に示唆に富む見方である。では、本書のテーマであるルーン文字の場合はどうであろうか。学術的な意味で、ルーン文字がどのようにして誕生したのか、その探究の歴史は長いものの、未だに最終的な結論には至っていない。神秘のベールに包まれたままである。

　先行研究の歴史を振り返ると、どうやらラテン文字であれギリシア文字であれ、他文化の文字体系がモデルになったようである。そもそも基本的に口伝の文化であったゲルマン人が何の目的のために文字を考案・使用したのか、文化史的に見て文字を生み出す必要性とは何かを考察しておかねばならない。

　当初、すなわち最古級の銘文は、沼や湖への奉納品あるいは副葬品など、非日常的なものに限られていた。それが時代を経るにしたがい、日常的・実用的な文字使用例が増えていったと考えられる。例えば、ゲルマン人のローマ帝国との接触が増えるにつれ、ローマ人がローマ帝国から離れた場所でもゲルマン人との交易が頻繁になり、ローマからの輸入品が増加した時代では

---

[1] マン J.（2000:11-12）*ALPHA BETA*『人類最高の発明アルファベット』晶文社。
[2] マン J.（2000:21-22）*ALPHA BETA*『人類最高の発明アルファベット』晶文社。

あった。ローマもしくはギリシアと密接にコンタクトをもったゲルマンの商人・傭兵たちは社会的にはいわばエリート層で、おそらくはバイリンガルの状態で両方の言語に長け、例えばラテン語を使う時にはラテン文字で書き、ゲルマン語を使う時にはルーン文字を用いていたという状況にあった。[3] ただ利便性だけを言うなら、ラテン文字を用いればよかったのかもしれない。彼らはラテン文字を十分に習得し、その知識をもっていたであろうからである。こういう文化状況の中で、それでも自民族のために新しい文字体系を創ろうとする傾向は自然なものであると言える。[4] 文字の使用は知的な営みであるが、ある種の文化的普遍性のある時代（例：商業的記録などが必要な交易の拡大期）、自らの文化的アイデンティティーの確立に向けて、[5] 他文化を吸収し、模倣段階を経ながら自らの文字体系をもちたいと思う心情はよく理解できる。[6]

　もともとルーン文字は紀元後2世紀にはゲルマン語を話す古代北欧を中心に拡がっていた。[7] 実際『エッダ』にルーン文字に関する記述が出てくる。北欧神話の世界では、オーディンがルーン文字を発明したとされており、「オーディンの箴言」の中に「我はルーン文字を読み取り、呻きながら読み取り」という場面があり、これは、主神オーディンがトネリコの世界樹ユグ

---

[3] 谷口 (1971:11)：「8世紀以前を概観して注意をひくのは石碑以外のほとんどのものが高価な品である点で、それはルーンの担い手が上層階級に限られていたことを語っている」。

[4] 原 (2005:38)：「文盲のゲルマン人がラテン文字が音を示す記号であり、言葉を留めておく手段であると理解するのにどれ程の時間と労力が要されるだろうか。一朝一夕には取得できないはずである。それほどまで努力して得たものをなぜわざわざ変更して独特のルーン文字として発案、発展させなければならないのか理解に苦しむものである。ラテン文字を利用すればいいのである。ない音素だけを考案すればいいのである」。

[5] 原 (2005:39)：「ローマ帝国と密接に関係を持った商人、傭兵にとってはラテン文字を使用する方が利便性が図られるはずである。商人やエリートの退役兵はラテン文字を習得し、その知識を持ってルーン文字をわざわざ発案する必要性があったのか。もしあったとすればそれは何か」。

[6] 清水 (2012:19)：「神秘的な力（ルーンの原義：「秘密・ささやき」）が付与されたならば、前例のない字形をとるのが自然だろう」。

[7] 最古のルーン銘文はユトランド半島で発見されたブローチ（西暦2世紀）である。

はじめに

ドラシル（宇宙の中心にあるとされている）[8]に自ら9夜吊り下がり、我が身を槍で傷つけ、この修行・苦行を経て魔法の文字であるルーンを取得したというシーンである。[9] 北欧神話・英雄伝説の集成『エッダ』に次のような詩がある。[10]

　　私は知っている　私が
　　9日9夜にわたって
　　風吹きすさぶ樹に吊り下がり
　　槍に傷つき　私自身が
　　オーディン　つまり私自身に
　　私をいけにえとして
　　それがいかなる根から発しているか
　　知るひともない

　　Veit ek, at ek hekk
　　vindga meiði á
　　nætr allar níu,
　　geiri undaðr
　　ok gefinn Óðni,
　　sjalfr sjalfum mér,
　　á þeim meiði,
　　er manngi veit
　　hvers af rótum renn.

---

[8] 巨大なトネリコのことで9つの世界を支えているとされている（数字の9はゲルマン人の世界で神聖な数である）。

[9] ルーン文字は神譲りでウォーダンに由来すると言われること自体、中世の人びとがルーン文字がどこから来たのかもはや知らないということを示している（Vennemann 2011:48）。

[10] 「シグルドリーヴァの歌」という詩の中にもルーンが歌われている。
　　勝利を臨むならば、勝利のルーンを知らねばなりません。
　　剣の柄の上か、血溝の上か、剣の峰に彫り、
　　二度チュールの名を唱えなさい。
　　信じる女に裏切られたくなければ、麦酒のルーンを知らねばなりません。
　　角杯の上に、手の甲に彫りなさい。
　　爪にニイドのルーンを記しなさい。

パンも角杯も
恵まれぬまま
私は下をうかがう
私はルーンをつかみあげた
うめきつつ　つかみ
それから大地に落ちた

Við hleifi mik sældu
né við hornigi;
nýsta ek niðr,
nam ek upp rúnar,
æpandi nam,
fell ek aftr þaðan.

　このように神話的なモチーフとして重要視されるルーン文字ではあるが、ではルーン文字は文字体系として文化誌的にはどれほど成功したものであったのであろうか。この評価については、次の引用（Odenstedt:1990）にあるように、実際 'with very limited success' といったところであろう。[11]

> 「ゲルマン人の精神文化は伝統的に口伝であり、ローマ人が実践していた書記の技術というのはゲルマン人にとって羨望の的であって、真似をしてでも自らの文化に採り入れたいものであった。ただ、それほど成功したとは言えない（with very limited success）」(Odenstedt 1990:173)

　歴史的に見て、ルーン文字がラテン文字より優位にたつことはなかったし、いつの時代にもルーン文字がラテン文字に取って代わることはなかった。これが「限定的な成功」（with very limited success）と指摘されている所以である。現に、中世以降、西ヨーロッパ各国で自らの言語をラテン文字で書き

---

[11] "Germanic spiritual culture was traditionally oral. The art of writing was a luxury which Germanic people had seen Romans practise and which they no doubt envied and tried to imitate, with very limited success."（Odenstedt 1990:173）

記していることもその傍証の一つと捉えてもよいだろう。しかしながら、ルーン文字を巡る歴史を辿ってみることによって、ゲルマン人の文字に対する態度が浮かび上がり、文化誌としてゲルマン語圏における文字体系の位置付けを明らかにすることができよう。本書では、ヨーロッパ全体を見渡し、ギリシア語圏の拡大、そしてローマ帝国の勃興に伴うラテン語の普及の中にあって、いわばヨーロッパの辺境に位置するゲルマン語圏[12]における文字文化（ルーン文字・ゴート文字）の発達の様子を描く。ヨーロッパ全土を版図に、これらの文字体系相互の関連を見出し、ルーン文字の発生・由来を起源に遡り解明していくのが本書の主たる目標である。

---

[12] 3世紀頃から石碑などに刻まれている同じくヨーロッパ辺境のオガム文字（ケルト語圏）の由来についても、あまり多くのことはわかっていない。ブリテン島に侵入したローマの文字使用に刺激を受け考案されたと考えられている。6世紀くらいになるとキリスト教会が使用するラテン文字が普及しオガム文字は次第に使用されなくなった。なお、古代ケルト諸語の分類としては次のような分類が考えられる：東ケルト語として、ガリア語・ブリタニア語・ガラティア語・レポント語、そして、西ケルト語として、ケルト・イベリア語・タルテッソス語・ヒーベルニア語（原アイルランド語）。

序

　ドイツの作曲家ワーグナー（Richard Wagner, 1813～1883）がオペラ『ニーベルングの指輪 Ring der Nibelungen』の中で主な素材としているのは北欧の「ヴォルスンガサガ」である。この作品は世界支配の権力の象徴である黄金の指輪をめぐり天界の神々と地下暗黒界の小人の間の闘争を描き、最終的にキリスト教と異教の宥和をはかっている。ワーグナーの北欧文学への傾倒は相当なもので、自らかなり原典も読めたようである。[13]

　一般に、北欧にはゲルマン伝統の神々の神話が保持されている。アイスランドは大陸から遠いため、キリスト教の伝来も遅く、そのためにゲルマンの伝統的精神が保持される傾向にあった。『エッダ』などの中で、キリスト教の影響を受けていないゲルマンの英雄の姿が実際に描かれている。このように北欧神話は、北欧におけるキリスト教化（11～12世紀）以前の宗教、および、アイスランドを含むスカンディナヴィアの信仰・伝説で構成されている。一方、北欧以外のゲルマン人は、比較的早い時期からキリスト教化が進んだため、民族独自の神話・宗教を示すものがほとんど残っていない。[14]

　今日、私たちは、ルーン文字と言えば「ヴァイキングが用いた文字」[15] というイメージをもっている。確かに、現存する銘文の多くはヴァイキングが活躍した中世の時代のものであるが、文字そのものの歴史は中世よりもはるか以前、ローマ帝国の時代にまで遡る。考古学の裏付けもあり、現在わかっている最古のルーン文字は紀元後2世紀のものであると言われている。[16] ゲ

---

[13] 谷口（1976）
[14] ヨーロッパの基底に想定されるケルト文化について言えば、古代ケルト人の場合、紀元前2000年にはすでに一大勢力を築いていたようである。ゲルマン人に先立ち現在のヨーロッパに展開し、ゲルマン人に大きな影響を与えたのも事実である。ただし、ギリシア・ローマとの相対的関係で、歴史に記述されるようになるのはようやく紀元前6～5世紀頃からである。
[15] 古ノルド語の表記はルーン文字が使われ、それゆえ2世紀～11世紀にかけて多くのルーン文字の石碑が残されている。
[16] 岡崎（1999:5）:「ルーン文字銘文の多くはキリスト教の導入後に違いない」。

ルマン人がキリスト教化されて、[17] 教会が彼らにローマの学問をもたらすまで、彼らは読み書きができない非識字の状態であったというのは、実際には事実に近いかもしれないが、それにしてもこの描写は事実をやや単純化しすぎていると指摘せざるを得ない。少なくともゲルマン人の一部は、ルーンと呼ばれる彼ら自身の文字体系をもっていたからである。この文字の系譜については種々の議論があるが、一般的に、アルファベット体系の1変種であることは間違いない。[18] 通常（ゲルマン人側から見て）南方系の影響を受けたとされるこのルーン文字の由来に関しては、次の引用が示すとおり、実は今なお確定的なことはほとんどわかっていない。

「ルーン文字の起源に関しては今日なお大いに議論の余地がある」
„Die ganaue Herkunft der Runenschrift ist noch immer stark umstritten." (Krause 2000:34)[19]

ローマの文化とは深い森を隔て、北方の地に住んでいたゲルマン人 ── [20]

---

[17] 紀元後2世紀頃にライン川・モーゼル川流域に住んでいたキリスト教徒はいずれもローマ人であった。ゲルマン人のキリスト教への改宗は、498年のクリスマスにフランク王国の創設者クローヴィスが受洗することに始まる。
[18] ページ (1996)『ルーン文字』菅原邦城 訳、學藝書林。
[19] その他にも、Vennemann (2011:47): „Das Problem der Herkunft des ältesten germanischen Schreibsystems, der Runenschrift, nämlich des sogenannten älteren Fuþark mit seinen 24 Runen […] ist umstritten und insofern ungelöst." & Vennmann (2012:530): „Das Problem der Entstehung der germanischen Runen und des runischen Schreibsystems gilt als ungelöst." あるいは Antonsen (2002:49,93,116): "The question remaining unresolved, however, is which Mediterranean script was the direct model for the runic alphabet. […] In other words, the runic scholarship has not succeeded in identifying a particular Mediterranean alphabet as the source from which the fuþark could be derived with any certainty whatever. […] Today we are still not able (and probably never will be) to identify a specific local Mediterranean alphabet as the mother of the runes." もしくは Nowak (2003:45): „Ausführliche Vergleiche der Runenschrift mit den mediterranen Alphabetschriften sind immer wieder angestellt worden, um eine Vorlage zu identifizieren. Bislang haben diese Versuche zu keinem allgemein anerkannten Ergebnis geführt." など多数の言及がある。
[20] 北欧へのキリスト教の伝播は11～12世紀に早いペースで進んだ。11世紀頃のものと思

一般的には今もどうしてもこのようなイメージが先行するが、史実は異なる。ゲルマン民族のうち、いくつかの部族はヨーロッパ北方から黒海沿岸に移り住んでおり、大西洋から黒海までの広い範囲でローマ帝国と国境を接していた。つまり、ゲルマン人は実はかなり古くからすでにローマ文化圏に隣接しており、恒常的にローマ人と盛んな交易があったのである。「ヨーロッパ北方の未開の蛮族の文字」・「ヴァイキングの文字」という一般的なイメージと異なり、このようにルーン文字は先進文化圏であったローマと交流をもっていたゲルマン人の間で使用されていたわけである。「歴史と地理的広がりをもつ文字」というのが実はルーン文字の史的特徴なのである。

　古くスカンディナヴィアにラテン文字がもたらされる前にある程度の広域で使用されていたルーン文字、この文字の起源について研究の現状は、先にも触れたとおり、なお「ルーン文字創造の場所、母体、時代などを問うての、ルーン文字の起源の問題は、相変わらず未解決と言わざるをえまい」（岡崎 1999:6）という段階に止まっている。

　地理的・歴史的な環境を考えれば、ルーン文字はローマ文化やキリスト教などの高度な文明圏と接触し続けたことは前述したとおりだが、その内実はいかなるものであったのだろうか。本書ではその様相を詳しく見ていこう。そのために、まず注目するべきなのは宗教的要因である。

　異教が支配していた北欧へキリスト教が勢いをもって伝播していくのは 11～12 世紀の頃である。それと同時に、7～8 世紀頃に全盛期を迎えていたルーン文字も、[21] 次第にその地位をラテン文字に譲ることになる。キリスト教の布教がラテン文字の普及と相関し、ルーン文字は異教のシンボル的存在として次第に排除されていくのである。この移行の時期、ルーン文字とラテン文字が同時に彫られた銘文がいくつも発見されている。[22] 次の第 1 章では、キリスト教がローマ帝国内で広がっていくにつれて、[23] 同時に領土内で

われる、北欧の本来的な自然信仰の墓地と並んで、キリスト教の墓地の跡が発掘されている。この頃が、昔からの信仰とキリスト教の共存した時代なのだろう。
[21] 現存しているルーン遺物は 5000 点程度である（その大多数がスウェーデンにある）。
[22] 藤森緑（2013）『ルーン・リーディング』魔女の家 BOOKS
[23] 竹内茂夫（2008:22）:「布教の中で自分たちのラテン文字を各地に普及させていったと考えることができます」『ニュートン』（2008 年 5 月号）。

序

ラテン文字が浸透していったプロセスを再現してみよう。よってここではまず宗教上の文書を対象とする。公文書などの記録ももちろん重要な文字史料で、これを無視することはできないのだが、宗教の伝播・普及とともに文字文化が広がっていく過程は、その時代の人びとがどの文字に依存していたのかを理解できる最重要史料である。周知のとおり、今日のヨーロッパはラテン文字とキリスト教の文化圏とも言えるが、当然、最初からそうだったのではない。当初は少数者しか知らなかったラテン文字とキリスト教の拡大の歴史を理解することは、ヨーロッパの基層を理解するための必須の作業である。なお、本書の図表はすべてイラストレーターの山岡七菜瀬さんにお世話になっている。

第1章　文化誌的背景

第1節　キリスト教とギリシア語

　キリスト教がヨーロッパで拡大していくに従い、「パウロ書簡」や初期の「福音書」といった初期キリスト教の文書を根拠に（ユダヤ教的な要素を排除しながら）キリスト教正典の編纂作業、つまり、文字による文書の記録が始められていく。367年に現行の『新約聖書』である27の文書群が初めて示された。[24] これはキリスト教文書の最初のものであり、現在の『聖書』の中の「書簡」の中心となる「パウロ書簡」は、パウロの伝道の間（第一次～第三次）に各地の共同体に宛てて執筆されたものである。また、紀元後70年前後に『聖書』の「福音書」中の最初の文書「マルコ福音書」が書かれたと推定されている。この文書は「イエス伝承」という形式での最初のものであり極めて重要な記録である。[25] では、それらの文書は何語で、どの文字で綴られたものであったか？　詳しくは後述するが、それはギリシア語（コイネー）であり、ギリシア文字であった。ここではまずその伝播・伝道の経緯を押さえておこう。

　パウロはまさに「地の果てに至るまで私の証人となる」という主イエスの言葉を実践した最初の人であった。常に前進を続け、各所に教会の基礎をつくり、福音の種を蒔き、さまざまな方法で（テント職人として・ローマ市民権所有者として・囚人として）キリストを宣べ伝えた。パウロの宣教は決し

---

[24] アレキサンドリアのアタナシウスによる。397年の第3回カルタゴ会議で正式に認められ、初期キリスト教以来350年ほどたって規範が形成されたことになる。
[25] キリスト教が地中海世界に広まっていくプロセスの中『新約聖書』を最初に記した言語はギリシア語であった。『新約聖書』の「マタイによる福音書」(5-18)にイエスのことば「まことに、あなたがたに告げます。天地が滅びうせない限り、律法の中の一点一画でも決してすたれることはありません。全部が成就されます」がある。この箇所はイエスが読んだ『旧約聖書』の文字（方形ヘブライ文字＝現在のヘブライ語印刷文字の原型）に関係している。その「一点」とは最小文字ヨードのことで、また「一画」とは文字によっては左上に角状（つのじょう）飾りのことである。

第1章　文化誌的背景

て華々しいものでも成功に満ちたものでもなかった。[26] 最後には囚人としてローマへ送られていく。この道程を私たちは信仰の広がりとして見るわけだが、同時に文字文化の伝播としても認識できる。神の言葉を伝える営みは、同時に文字を普及させる旅でもあった点を見落としてはならない。パウロの第一次・第二次および第三次伝道のルートは以下のとおりである。

パウロの第一次伝道旅行：1. アンティオキア（アンテオケ）・2. セレウキア（セルキヤ）・3. キプロス・3a. サラミス・3b. パフォス（パポス）・4. ペルゲ・5. アンティオキア

パウロの第二次伝道旅行：1. セルキヤ・2. デルベ・3. リストラ（ルステラ）・4. イコニオン（イコニオム・コンヤ）・5. ガラテヤ・6. ミシア（アレクサンドリア・トロアス）・7. サモトラケ・8. ネオポリス・9. フィリピ（ピリピ）・10. アンフィポリス（アムピポリス）・11. アポロニア・12. テサロニケ・13. ベレア（ベレヤ）・14. アテネ・15. コリント・16. ケンクレアイ（ケンクレヤ）・17. エフェソス（エペソ）・18. シリア・19. カイサリア（カイザリヤ）・20. エルサレム・21. アンティオイア（アンテオケ）

　苦難の連続であったと言うべき伝道を行ったパウロが各地の信徒に書き送った「書簡」を、文字を学ぶ機会もほとんどなかった多くの人たちはどの程度、理解していたのであろうか。言うまでもなく、学校のような学習の社会施設が存在しない当時、文字の学習は難事業であったことは想像に難くない。文字を理解できない人びとにも神の言葉を届ける努力は並大抵のものではなかっただろう。ただ、むしろこうした人びとに支えられ、励まされ「書簡」が生み出されたとも考えられる。学問をする特権を享受しえたパウロは、彼がなしうることを、そして、なすべきことをなしたとも言えよう。

---

[26] 石をもって追われ（リストラ）、投獄され（フィリピ）、暴動を起こされ（テサロニケ）鼻であしらわれる（アテネ）ものであった。

パウロの第三次伝道旅行：1. ガラテヤ・2. フリギア・3. エフェソ（エペソ）・4. マケドニア（マケドニヤ）・5. コリント・6. ケンクレアイ（クンクレヤ）・7. マケドニア（再訪）・8. トロアス・9. アソス・10. ミュティレネ・11. キオス（キヨス）・12. サモス・13. ミレトス・14. コス・15. ロドス・16. パラタ・17. ティルス（ツロ）・18. プトレマイオス（プトレマイ）・19. カイサリア（カイザリヤ）・20. エルサレム

　意外に思われるかもしれないが、実はキリスト教の成立期を厳密な意味でいつとするかは容易なことではない。「西暦」という世界で最も普及した宗教暦をもち、多くの史料が残るキリスト教にあっても、その初源を明らかにする作業は現在も慎重を期して行われている。しかしながら、ユダヤ教の総本山であるエルサレムとその神殿体制が終焉を迎えた紀元後70年をキリスト教の始まりとみなすのは通説にも適い、妥当な視点であろう。この時期、いわゆるユダヤ教イエス派が脱皮と独立の時期を迎えたからである。なお、キリスト教の礎を築いたと言われるパウロ自身、イエス自らと同じように、決してユダヤ教から自分を切り離そうとはしなかった。ただ、ユダヤ教の神の新たな啓示に忠実であろうとしただけであった。それでも、キリスト教が自立するに当たって、自らが何に根拠付けられた共同体運動なのかを明確にしなければならないこの時期にあって、「福音書」・「パウロ書簡」の編集は必要かつ欠くべからざる作業であった。キリスト教自身の自己のアイデンティティーの確立が急務であったのである。[27] つまり、キリスト教は、その成立期において言語・文字が重要な役割を担っていた宗教であったと言えるのである。

　さて、パウロがエルサレムで民衆に襲われ、ローマ軍に逮捕され、ローマ送りとなったのは紀元後58年の秋ごろである。実際にローマに到着したのは59年春/夏であった。[28]「使徒言行録」に書かれているパウロに関する記

---

[27] 佐藤研（2003:144f., 152）『聖書時代史 新約篇』岩波現代文庫
[28] パウロが皇帝に上訴する権利を持ち合わせていたのは、彼がローマ市民権を有していたからである。

述によれば、そのいきさつは次のようである。[29]

「使徒言行録」第 28 章

16 節　ローマに入ったとき、パウロは番兵を一人つけられたが、自分だけで
　　　 住むことを許された。

16 Ὅτε δὲ εἰσήλθομεν εἰς Ῥώμην, ἐπετράπη τῷ Παύλῳ μένειν καθ' ἑαυτὸν σὺν τῷ φυλάσσοντι αὐτὸν στρατιώτῃ.

16　cum venissemus autem Romam permissum est Paulo manere sibimet cum custodiente se milite.

17 節　三日の後、パウロはおもだったユダヤ人たちを招いた。彼らが集まっ
　　　 て来たとき、こう言った。「兄弟たち、わたしは、民に対しても先祖
　　　 の慣習に対しても、背くようなことは何一つしていないのに、エルサ
　　　 レムで囚人としてローマ人の手に引き渡されてしまいました」。

17 Ἐγένετο δὲ μετὰ ἡμέρας τρεῖς συγκαλέσασθαι αὐτὸν τοὺς ὄντας τῶν Ἰουδαίων πρώτους· συνελθόντων δὲ αὐτῶν ἔλεγεν πρὸς αὐτούς, Ἐγώ, ἄνδρες ἀδελφοί, οὐδὲν ἐναντίον ποιήσας τῷ λαῷ ἢ τοῖς ἔθεσι τοῖς πατρῴοις δέσμιος ἐξ Ἱεροσολύμων παρεδόθην εἰς τὰς χεῖρας τῶν Ῥωμαίων,

17　post tertium autem diem convocavit primos Iudaeorum cumque convenissent dicebat eis ego viri fratres nihil adversus plebem faciens aut morem paternum vinctus ab Hierosolymis traditus sum in manus Romanorum.

---

[29] パウロの苦難のさまは「第二コリント」の第 11 章に詳しい：キリストに仕える者なのか。気が変になったように言いますが、わたしは彼ら以上にそうなのです。苦労したことはずっと多く、投獄されたこともずっと多く、鞭打たれたことは比較できないほど多く、死ぬような目に遭ったことも度々でした (11:23)。ユダヤ人から四十に一つ足りない鞭を受けたことが五度 (11:24)。鞭で打たれたことが三度、石を投げつけられたことが一度、難船したことが三度。一昼夜海上に漂ったこともありました (11:25)。しばしば旅をし、川の難、盗賊の難、同胞からの難、異邦人からの難、町での難、荒れ野での難、海上の難、偽の兄弟たちからの難に遭い (11:26)、苦労し、骨折って、しばしば眠らずに過ごし、飢え渇き、しばしば食べずにおり、寒さに凍え、裸でいたこともありました (11:27)。

パウロはローマで実質的には軟禁状態であったではあろうが、それでも満2年ローマで宣教活動をしたと「使徒言行録」は述べている。

「使徒言行録」第28章
31節　全く自由に何の妨げもなく、神の国を宣べ伝え、主イエス・キリストについて教え続けた。

^{31} κηρύσσων τὴν βασιλείαν τοῦ θεοῦ καὶ διδάσκων τὰ περὶ τοῦ κυρίου Ἰησοῦ Χριστοῦ μετὰ πάσης παρρησίας ἀκωλύτως.

31　praedicans regnum Dei et docens quae sunt de Domino Iesu Christo cum omni fiducia sine prohibitione.

　ここでは各節の真ん中にギリシア文字で綴られているテキストがあることが確認できる。エルサレムを核として後にローマ帝国内に広まるキリスト教のことばがギリシア語で綴られたのには理由がある。パウロをはじめ当時の使徒たちが用いていたのは、ギリシア語訳の『旧約聖書』であったのである。このギリシア語訳『聖書』は一般に「七十人訳聖書」（羅：Septuaginta「セプテュアギンタ」．「70」の意）と呼ばれ、紀元前3世紀中葉から紀元前1世紀の間に、ヘブライ語のユダヤ教聖典（つまり『旧約聖書』）がギリシア語へ翻訳されたのである。[30] この翻訳はキリスト教史にとって重要な文化的意味合いがある。[31] と言うのも、この時期、広くヘレニズム世界に多くのユダヤ人が居住することになり、もはや母語であるヘブライ語が十分に理解できないユダヤ人が増えてきていたからである。ヘレニズム時代・ローマ時代にユダヤ人は各地のギリシア風都市に進出し、その新しい土地に定着して二代目・三代目と代を重ねるごとに、むしろギリシア語を日常語とするユダヤ人がますます多くなってくる。こうした人びとのために『旧約聖書』がギリシア語

---

[30] ハーレイ（³2003:107）:「旧約聖書のギリシア語訳はエジプトでなされた」。
[31] 『新約聖書』の中には『旧約聖書』から引用する際、この訳を用いている場合が多い。『聖書』（新・旧）のラテン語訳で名高いヒエロニムス（紀元後5世紀）も旧約の翻訳の際に、この「七十人訳聖書」を基本としている。

に翻訳されるに至ったのである。[32] パウロはヘブライ語も読めたようであるが、「書簡」では引用に際してこのギリシア語訳『聖書』を使っている。ギリシア語は当時のヘレニズム文化圏における国際共通語であったのである。[33]

```
パウロの略年表[34]
  紀元後5〜10   タルソに生まれる
     30        イエスの十字架と復活
     36        回心
     39        エルサレムにのぼる
    43〜44      アンティオキアで宣教
    46〜48      第一次伝道旅行
     49        エルサレムの使徒会議
    49〜52      第二次伝道旅行
    53〜58      第三次伝道旅行
     58        エルサレムで逮捕され、カイサリアに護送監禁
    60〜61      海路ローマに護送軟禁
     67        ローマにて殉教
```

さて、上で引用したギリシア語・ラテン語の聖書テキストは、それぞれギリシア文字・ラテン文字で記されている。そもそもギリシア語が地中海世界

---

[32] 古く紀元前6世紀の「バビロン捕囚」頃からユダヤ民族が東方への離散を余儀なくされ（＝ディアスポラ διασπορά）、あるいはその他のさまざまな機会に強制的であれ自発的であれパレスチナの外にユダヤ人が移り住むようになった。ヘブライ語を読めないギリシア語圏のユダヤ人、あるいは、改宗ユダヤ人が増えた。いわゆる「ディアスポラ」のユダヤ人はヘレニズムに先行するが、ギリシア語話者ユダヤ人（ヘレニスト）は、アレキサンダー王の遠征以降、一層増加したと思われる。各民族語で書かれた文書が多数ギリシア語へ翻訳される中で、『旧約聖書』もギリシア語に翻訳されたのである。
[33] キリスト教はパレスチナの枠を越えて広範に拡大していた。ギリシア語で執筆され、その書かれた文書を読むことによって知識を得るというシステムができあがっていた（加藤1999:280）。
[34] 藤代（1989:185）

に普及したのはマケドニアのアレキサンダー大王によるところが大きいわけ
である。およそ前1世紀頃には地中海東岸（フェニキア諸都市）もヘレニズ
ム化がおおむね完了しており、教養ある人びとはギリシア語を話しギリシア
風の名前をもっていた。ギリシアの様式にのっとった祭礼・供犠が人びとの
生活にも浸透していたことがわかっている。

　では、もともと紀元前二千年紀中頃のカナンおよびシナイ半島の文字で
あったフェニキア文字が、その起こりからギリシア文字・ラテン文字に発展
していくさまはどのようなものだったのか。[35] 古く紀元前11世紀に遡って、
フェニキア人の植民・貿易活動によって、フェニキア文字[36]が地中海周辺に
広まっていく過程を追ってみよう。[37]

　フェニキア人（西セム系のカナン人）のことば（カナン語）は、セム語派
（例：ヘブライ語）で初めてアルファベットを用い、[38] その文字体系を他の諸
言語へと伝播させていったという歴史をもつ。[39]

---

[35] フェニキア（テュロス）王アゲーノールとテーレパッサの娘の、美しい姫エウローペーに
一目惚れしたゼウスは彼女を誘惑するために白い牡牛に姿を変える。侍女と花を摘んでい
たエウローペーが白い牡牛の背にまたがると、その途端その白い牡牛はエウローペーをク
レタ島へと連れ去った。そこでゼウスは本来の姿をあらわし、エウローペーはクレタ島で
最初の妃となった。ゼウスが連れ去る際に現在の「ヨーロッパ」一帯を駆け回ったため、
その地域はエウローペーの名前に因んでヨーロッパ（Europa）と呼ばれるようになったと
いう。

[36] 象形文字から発達して、単純な線上の文字へと進化していった。

[37] 『世界の文字の図典』（2009:78-79）

[38] フェニキア語最古の銘文は、アヒラムというビュブロスの支配者の棺（の蓋の縁に）刻
まれたテキスト（紀元前1000年頃）である。

[39] 非常に古いフェニキア語は、聖書のヘブライ語と同じように、子音だけを記していた。
それを学んだギリシア語は母音も書くようになり、しかも右から左へ書いていたのを、左
から右へと書くようになった。

第 1 章　文化誌的背景

文字の種類 \ 文字の意味	牛の頭	家	掌	突き棒	水	目	人の頭	印
原シナイ文字（前15世紀）	ᛸ	▢	✋	6	～	◉	⌒	＋
ウガリト文字（前14世紀）	▷▷	⋈	▷−	￤￤￤	▷	△	⌇⌇	▷
フェニキア文字（前10世紀）	K	ᛣ	∨	⌒	⧀	○	ᛃ	＋
フェニキア文字（前6〜前5世紀）	✕	ᛃ	ᛉ	⌒	ᛉ	○	ᛃ	ᛈ
古典ギリシア文字	A	B	K	Λ	M	O	P	T
ラテン文字	A	B	K	L	M	O	R	T

文字の変遷[40]

　次節では、文字体系の拡がっていく範囲を文字の文化圏と捉えることにより、文字体系の伝播のありようについて考察を巡らす。そこでまず、フェニキア人の歴史がいかなるもので（イスラエルとの関係）、フェニキア文字の文化圏に関わる史的事実（エジプト・ギリシア等との関連）がどんな経緯で編み出されていったのか、全般的概要を捉えることから始める。

---

[40] 栗田伸子・佐藤育子（2009:39）『通商国家カルタゴ』講談社。

第2節　フェニキア人の歴史

　『旧約聖書』の「出エジプト記」は、[41] どのようにして神が自らの民（ユダヤ人）をエジプトでの奴隷状態から解放し、彼らを導き出したかを語っている（このエジプトからの脱出は、およそ紀元前1441年頃とされている）。[42]『旧約聖書』の記述によれば、エジプトで奴隷の身分にあったイスラエルの民はその地にあってエジプト人から過酷な待遇を受けていた。民は神に祈り、これに応えて神は民に導き手としてモーセを差し伸べた。そしてモーセは民をシナイの荒野へと導き、シナイ山で神は民に、守るべき十戒とその他の多くの律法を与えた。シナイ半島を通って、イスラエルの民は最終的にカナンの地に入ることになる（この頃イスラエルの民の群はゆるやかな部族連合を形成し次第に国家になろうとしていた）。カナンと言えば、地中海とヨルダン川・死海に挟まれた地域一帯を指し、『聖書』では「乳と蜜の流れる場所」と描写されている。『聖書』の神がアブラハムの子孫、すなわちイスラエルの民に与えると語った「約束の土地」のことである。

　以上のことは『聖書』のみならず、多くの伝承・文学などで語られ続けており、読者の方々にとってもすでに熟知のことであろう。しかし、ここで注目していただきたいのは、これがフェニキア人の歴史に大きな影響を与えているという点である。

　パレスチナ地方に当時、住んでいたのは、フェニキア人その他の民族であった（そもそもフェニキア人とは西セム系のカナン人のことである。[43] 半遊牧民族であるイスラエル人がカナンの地に侵入し、先住のカナン人と多くの摩擦を経験しながら定住するにしたがって、フェニキア人たちは徐々に北方に住地を移し、北西部の細長い海外部一帯へと狭められていく（今日のシリア・レバノン・イスラエルの一部）。その新しい地域に先住のヤペテ人（オリエ

---

[41]「出エジプト」の「出」はギリシア語のエクソドス（出発）から来ている。
[42]「民数記」(1:46) によれば、当時の20歳以上の男子の数が60万人とされていることから、イスラエル人の総人口は数百万人程度であろうと推定される。
[43] フェニキアという名称はギリシア人によるものである。ホメロスの作品に見られるように、ギリシア人が東方（オリエント）から主に通商目的として西方（ギリシア世界）にやって来た人びとを「フェニキア人」と呼んだのである（栗田・佐藤 2009:35）。

第 1 章　文化誌的背景

ント系）やアーリア系種族（紀元前 18〜17 世紀の民族移動によって来住）との融合によって、今日的な意味でのフェニキア人の原型が誕生したと考えられている。フェニキア（ギリシア語の「フォイニクス」に由来）という語の原義は、フェニキア人の特産物であった「赤紫の染料」である。考古学的にも、彼らの居住地が古くから貝紫(かいむらさき)で名高い染色産業で賑わいを見せていたことが確認されている。[44] ホメロスの『イリアス』・『オデュッセイア』に描かれているフェニキア人は、巧みに船を操り各地を回る商人であり、手工業品（織物・金属加工）に長けた優れた職人集団でもあった。

　ヘロドトスによれば、ギリシア神話に登場するフェニキアのテュロスの王アゲーノールの娘「エウローペー」が、今日の「ヨーロッパ」にその名を残した女性とされている。彼女は、牡牛に姿を変えたゼウスに連れ去られて地中海を渡りクレタにたどりついた。彼女を探して旅に出た兄たちのうちカドモスはギリシア本土に渡りテーバイを建国した祖とされる。このカドモスらによってギリシアに伝えられたのがフェニキア文字であるという。これらは、もちろん史実として認識されているものではなく神話ではあるが、この伝承からもわかるとおり、フェニキア人の歴史はヨーロッパ文化の基礎に関連をもっているのである。

　紀元前一千年紀、『旧約聖書』の中にもしばしば記述が見られるとおり、ダビデがペリシテ人勢力に勝利した頃くらいから、フェニキア（特にテュロス[45]）は親イスラエルの外交方針を採り、これが都市テュロスの大いなる海外発展の推進力となった。テュロスのヒラム 1 世（在位：前 969〜前 935 年）とイスラエル王国のソロモン（在位：前 965〜前 926 年）の関係に言及している場面が『旧約聖書』にある。ソロモンの即位に際してヒラムが祝賀の使節を送っている記述はフェニキアとイスラエルの関係の深さも表わしているものである。史実としては、ソロモンの悲願であった神殿（神ヤハウェのため）建立を果たすため、ヒラム側は大量の良質な木材（レバノン杉）をイス

---

[44] 「フェニキア」とは、元来は暗赤色あるいは紫がかった褐色を意味する語であるギリシア語の phoenix に由来している。彼らが交易で名を馳せる時に特産物として大いに貢献した。名称は紫色に染色された布あるいはその技術自体から派生しているのであろう。なお、貝紫は地中海で豊富に手に入れることができたという。

[45] その他、大きな都市としてシドンがある。

ラエルに提供している。その返礼に、ソロモンはヒラムに小麦・オリーブ油を贈っている。両国は良好な経済的協力関係にあったのみならず、人的交流も盛んであり、例えば神殿の建築に関しても、フェニキア側の優秀な人材（石工・大工・備品や調度品の製作者など）がなければ『旧約聖書』に見られるような見事な建造物はできなかったと言われている。[46]

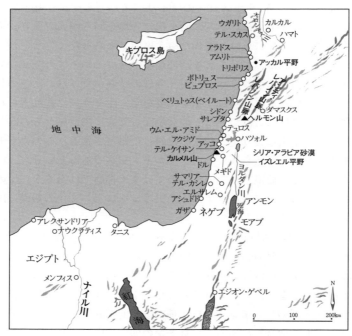

フェニキア本土周辺

　紀元前3世紀には、[47] 北アフリカのカルタゴ[48]を中心にフェニキア人は最盛期を迎える。[49] 後代のギリシア・ローマ史家の叙述によれば、フェニキア人

---

[46] 栗田・佐藤（2009:48-49）：「カナン時代の高度な建築技術・職人技は鉄器時代のフェニキア人に確実に受け継がれていた」。
[47] 紀元前3～2世紀のポエニ戦争でローマに敗れた。
[48] 現在のチュニジア。
[49] 本土のフェニキア語は紀元前2世紀末までには死滅し、代わってアラム語がこのパレス

第 1 章　文化誌的背景

たちは地中海のはるか西方に進出し、ジブラルタル海峡を越えてガデス（現在のスペイン南部）さらには北アフリカのウティカに植民都市を建設したとされる。[50]

　これらの活発な商業活動は、文化面における交流をも促し、言語接触を必然のものとしていった。

　カルタゴ（Karthago）という名称はフェニキア語の Kart Hadasht「新しい町」に由来する。[51] フェニキア人は強力な海軍力をもち、海岸線に沿って多くの植民都市・交易拠点を造っていった。そのため、シチリア島の領有等を巡ってギリシアとは常に対立関係にあったが、それでも版図を拡大するための遠征は続き、ハンニバル・マーゴの頃（紀元前5世紀）には、モロッコからセネガル、大西洋にまで及んでいた。カルタゴが地中海域の商業の中心であるのは、ローマによって征服されるまで続く。地中海ではサルディニア島・マルタ島・バレアレス諸島を支配し、イベリア半島（スペイン南部）に植民都市を建設していった。

　『旧約聖書』の「列王記」の中に次のような記述がある。ソロモン王が所有していた「タルシシュの船」が3年に一度、異国の珍しい品々を積んで入港していた、と。あるいは、同じく『旧約聖書』の「エゼキエル書」には、フェニキアの街テュロス[52] が諸外国と取引をする際に用いた船のことが「タルシシュの船」と記されている。このようにして、『旧約聖書』に登場する「タルシシュの船」とは、外海を航海できる装備を施された大型船という性格を帯びていたものと考えられる。この「タルシシュ」という語の意味については古来より論争の的ではあるものの、地名として見るならば、スペイン南部の「タルテッソス」（当時の地中海交易の最西端に位置すると考えられる場

チナ北方の地方で用いられるようになった。
[50] 栗田・佐藤（2009:35）
[51] ローマの詩人ウェルギリウスの『アエネイス』によると、テュロスの女王ディードーが兄ピュグマリオーンから逃れてカルタゴを建設したとされる。
[52] 『旧約聖書』の「イザヤ書」（23:8）には、各地の物品を売りさばき中継貿易で名を馳せたテュロスの商人たちの活躍が次のように記述されている：「テュロスは王冠を戴き、その貿易商人たちは貴族。取り引きする者らは世界に重んじられていた」。

所）と同定する考えが有力である。[53]

「タルシシュの船」が運んだ物品リストには当時の貴重な鉱物（金・銀・鉄・鉛・錫など）がふんだんに現われる。「タルテッソス」は古代世界で比類なき鉱物資源の宝庫であった場所に違いない。地中海各地に残るフェニキア人の痕跡は、キプロス島・クレタ島・サルディニア島などを経由する鉱物資源獲得ルートと重なっている。紀元前9世紀から8世紀にかけて、こうしたフェニキアの交易ネットワークが地中海全域に網の目のように広がっていた。さまざまな物品や貴重な鉱石を満載した「タルシシュの船」が各地に寄港しながら地中海を縦横無尽に航海した様子が髣髴とされる。

フェニキア人の活動範囲はジブラルタル海峡を越え、さらに北アフリカや大西洋に面したタルテッソス王国などの要衝に植民したことになる。ヘロドトスによると、エジプト王ネコ2世（在位：前610年〜前595年）の勧めにしたがって、フェニキア人が3年がかりでアフリカを時計回りに周航したという。近代初頭の大航海時代にポルトガルのバスコ・ダ・ガマが通過した喜望峰を、これに先立つこと2000年、フェニキア人は逆周りで越えていたのである。[54]

さて、フェニキア文字は、こうした海洋民族フェニキア人の歴史を背景にして、この後どのような発達のプロセスを辿っていくのであろうか。もともとフェニキア文字はフェニキア地方の住民が独自に発明したのではなく、その基礎になった文字が実はすでに存在していた。それらは原カナン文字や原シナイ文字と呼ばれており、古文書そのものは少ないが、先行研究によって紀元前17世紀から12世紀のものと推定されている。これらの文字は、エジプトの絵文字の知識をもっていた人びとが、それにヒントを得て考案したと

---

[53] 栗田・佐藤（2009:50）。タルテッソス（現在のスペイン南部グワダルキビール川河口域にあったとされる古代王国＜ヘロドトス『歴史』（前5世紀）・大プリニウス『博物誌』（1世紀）に記述がある＞）語（ケルト系）の石碑（前8世紀〜前5世紀）がある。この地に前8世紀頃フェニキア文字が伝えられ、石碑にはi kalte loco「カルテの貴人のものである」という墓碑テキストが書かれている（Cunliffe & Koch 2010:210-211）。「カルテ」とはギリシア語の「ケルトイ」ないし「ガラタイ」である（ケルト/ガリアと同類）。この時代にすでに「ケルト」が自称として存在していたことになる。

[54] フェニキアに関する総合的なサイトとして、http://phoenicia.org/index.shtml がある。

第 1 章　文化誌的背景

考えられている。興味深い点は、自然言語に本来的な要素の母音を表記することなしに子音のみを表わす文字体系であったということである。先行研究によっても明らかなように、フェニキア文字は直線的で画数も少ない。[55] 文字を書く順は史料により上から下、左から右、あるいは右から左へとさまざまである。[56] やがてカナン文字・原シナイ文字の伝統を踏まえ、いくつかの改良が加えられ、紀元前 1050 年頃フェニキア文字が確立されるのである。[57] フェニキア文字は 22 個の表音文字からなり、エジプトの数多くの絵文字から生まれたとはとうてい思われないほどの利便性がある。[58]

　かつてギリシア人は彼ら固有の文字をもっていた。ミュケナイ文明が栄えていた紀元前 15 世紀から 13 世紀までのことである。しかしながらミュケナイ文明崩壊後、ギリシア人は独自の文字を自ら創らないまま、その代わりにフェニキア文字を借用するようになったのである。ギリシア文字（大文字）がフェニキア文字に似ているのはこのためである。

---

[55] http://kanazawa-sakurada.cocolog-nifty.com/blog/2012/12/247.html（2016 年 9 月アクセス）
[56] http://www.chikyukotobamura.org/muse/wr_middleeast_9.html（2016 年 9 月アクセス）
[57] http://kanazawa-sakurada.cocolog-nifty.com/blog/2012/12/247.html（2016 年 9 月アクセス）
[58] http://www.chikyukotobamura.org/muse/wr_middleeast_9.html（2016 年 9 月アクセス）

第2章　アルファベット文字体系の変遷

　古来、伝統のある文字体系（楔形文字[59]・聖刻文字（ヒエログリフ）・漢字など）は、いずれも、いったん成立すると長期にわたる適応力、慣性力、保守性をもつものである。この現象を逆の視点から捉えると、新興の地にのみ新しい文字体系（初期アルファベットなど）が生まれる土壌があると言えるのかもしれない。また、ある一つの文字体系が長い期間、生き残るのには、それ自身の優れた特質と併せて、他の諸条件（書かれた媒体など）も関係してくる。紀元前1世紀、ギリシアの歴史家ディオドロスがエジプトを訪れた際、エジプトはギリシア・ローマの文化にほとんど覆い尽くされていた。それでもなお聖刻文字（ヒエログリフ）が使われているのを見て、ディオドロスは「これはただの絵であって本当の意味での文字ではない」と述べている。しかしながら、この「絵」こそ、つまり、この表語文字こそ、次の段階へ進む出発点であって、この絵が抽象化されることで、語を表わしていた文字が次第に音節を表わすようになり、文字の概念が大きな躍進をとげるのである。つまり、絵文字はそれ自体、確かにそれが表わす物の名を示しているにすぎないが、ある一つの物を表わす記号は、物そのものと、音（＝その物の名前）の両方を象徴していると考えられた時、物そのものと名前は切り離されることになる。こうしてシンボルは、もはや物を表わすだけではなく言語記号となったのである。[60]

　さて、前章で触れたフェニキア文字は、早くも紀元前15世紀にはビュブロス（Byblos ＜ Bible「聖書」の語源＞、現在のレバノン）で用いられていた。ただ、22の子音文字からなり、[61] 右から左への横書きという北西セム語の線状アルファベットで、いわゆる私たちがイメージするフェニキア文字が完成するのは紀元前11世紀頃のことである。

---

[59] 紀元前3500年頃メソポタミアで誕生した。
[60] マン J.(2000:45-83) *ALPHA BETA*『人類最高の発明アルファベット』晶文社。
[61] 母音を表記しない文字体系である。

第2章　アルファベット文字体系の変遷

文字の種類 \ 文字の意味	牛の頭	家	掌	突き棒	水	目	人の頭	印
原シナイ文字（前15世紀）	ꊥ	◻	✋	6	～	⌒	☺	＋
ウガリト文字（前14世紀）	▷	⋈	▷	￠	▷	△	88▷	▷
フェニキア文字（前10世紀）	K	ϑ	∨	⌒	⑂	○	ϑ	＋
フェニキア文字（前6〜前5世紀）	⤫	ϑ	ㄱ	ㄴ	⑂	○	ϑ	⋏
古典ギリシア文字	A	B	K	Λ	M	O	P	T
ラテン文字	A	B	K	L	M	O	R	T

文字の変遷[62]

　これらの文字は、例えば「人の頭」の表わす rēš は r、「水」を表わす mēm は m というように、各字母の最初の音（r や m など）を音価（個々の文字に該当すると認められる音声）としている（これを頭音法 acrophony の原則と呼ぶ）。

　今日、一般的に流布しているアルファベットという名称も、文字列の最初の2文字、つまり āleph（アレフ「牛」）と bēth（ベート「家」）をつなぎあわせたものに他ならない。ラテン文字でも、A「アー」・B「ベー」はギリシア語のアルファ（α）・ベータ（β）を経由して、セム語族に属するヘブライ語の文字も āleph「牛」・bēth「家」の語頭音に遡る。

　現在では文字が音素を表わす文字体系のことを総称的にアルファベットという呼称で示していて、その起源は一般にギリシア語からと思われがちだが、実はそれ以上の歴史をもつのである。

　では、そもそも文字の歴史はどこまで遡ることができるのであろうか。この問いを考えるためには、その前にまず「文字とは何か」という一見素朴でありながら、しかし実は慎重な検討を要する問いから始めなければならない。

　まずもって、文字とは何かを考えるうえで、文字の誕生のバックグラウン

---

[62] 栗田伸子・佐藤育子（2009:38-40）『通商国家カルタゴ』講談社。

ドを系統立って押さえておくことは有用である。文字の史的発達の模様を端的に要約したのが次の図表である。

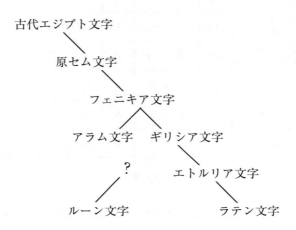

　文字の生まれ来る前史的背景として捉えておくべき点は、紀元前3000年までに成立した文字体系としては、シュメール・アッカドの楔形文字、および、エジプトの聖刻文字(ヒエログリフ)しかなく、他の文字体系は存在しなかったということである。楔形文字のほうは各地に広まり、さまざまな言語に適応していったが、一方、エジプトの聖刻文字は他の言語で用いられることはなかった。[63]

　聖刻文字のうち、最古の文字史料は紀元前3100〜3000年頃（先王朝時代末期）のものである。時代によって字形が変わったりもしたが、各時代に実用に付された文字の数は700〜1000程度と考えられる。なお、現在までに実際に使われた文字と認定されている聖刻文字の数は6000余りにのぼる。ここでは、まずその一部を紹介する。母音を表記する文字がないため、具体的にはそれぞれの読み方がわからないが、通常eを添えて読む。

---

[63] 同時期、クレタは青銅器時代（後期）に当たり、線文字A・線文字Bが使われていた。

第 2 章　アルファベット文字体系の変遷

ヒエログリフ	意味・音	ヒエログリフ	意味・音	ヒエログリフ	意味・音
	人・男 s, 跪く rmt		セト神 St		大股に歩く rd, mnt
	食べる wnm 飲む swrî		トト神 Dḥwty		侵す i3t
	隠す îmn		マアト女神 正義 M3ˁt		拳 ȝmm
	礼拝 hnw		セケト女神 Sḫt		脚, 脛 bw
	おお î		顔 ḥr		角 db
	高い k3, 喜ぶ hˁî		泣く, 叫ぶ rmî		馬 ssmt
	踊る ḥbî		開く, 口, 扉 r		牡牛 iḥ, k3
	貴顕 śr, 首領 wr		唇 spt		牝牛 ȝms
	打つ ḥwî		背骨 i3t, psd		犬 iw
	建てる ḳd		乳房 mnd		獅子 rw
	兵士 mšˁ		漕ぐ ḫnî		猫 mîw
	牧人 mînîw		闘う ˁḥ3		野兎 wnr
	高貴 špsî		書く wtn		象 3bw
	上エジプト王 nsw		与える îmî		麒麟 sr
	番人 îry		手 drt		豚 rrî
	オシリス神 îwsîr		受取る šp		牡牛の頭 (牡牛) iḥ
	プタハ神 Ptȝḥ		親指 ˁnt		獅子の頭 始まり ḥȝt
	月神 îˁḥ		行く, 歩く îw		終り pḥwy

ヒエログリフ：表意文字（『世界の文字の図典』2009:23）

　聖刻文字が時を経て略字化されるようになっていくプロセスを示すのが次の図表である。略体にした行書体（筆記体）ともいうべきものがヒエラティック（神官文字）である。[64] 聖刻文字が廃されてヒエラティックとなったのではなく、ヒエログリフとヒエラティックは共に長い間、並行して用いられていた。ヒエラティックは、宗教文書の他に、官庁の行政文書・文学作品など

---

[64] ギリシア語のヒエラティコス（「祭司」の意）に因んでいるため、このように呼ばれる。

に使われ、主にパピルス紙にペンで書かれるケースが多かった。ヒエラティックには葦のペンを用いた独特の手法が見られる。ヒエログリフと同じく、主として右から左へと横書きされる。その後、簡略化がいっそう進み、ヒエラティック（神官文字）からデモティック（民衆文字）が分化した。図表の右端の文字である。ヒエラティックをさらにくずした書体で、ヒエログリフの草書体（続け書きや略体が多用される）と言える。デモティックはヒエラティックが使われなくなって後、紀元前700年頃から用いられ始める。[65]

ヒエログリフからデモティックへ（『世界の文字の図典』2009:32）

---

[65] ロゼッタ・ストーン（1799年発見）はヒエログリフ・デモティック（民衆文字）・ギリシア文字という3種の文字体系で記されている。

第2章 アルファベット文字体系の変遷

　フェニキア文字は原シナイ文字（紀元前1850年～1500年頃。シナイ地方の神殿遺跡・トルコ石採掘場で発見）[66]から派生しており、原シナイ文字の字形はエジプトのヒエログリフからの借用であることを考えると、ヒエログリフは今日のほとんどの音素文字体系、つまり現在、使われている多くの文字体系の祖に当たることになる。以下、フェニキア文字が成立するまでの文字の歴史を捉えるべく、エジプトにおける表音文字誕生の端緒を眺めておきたい。

　およそ紀元前2700年頃、古代エジプト人は自身の言語の子音一つ一つを表わすことのできる約20のアルファベット的な文字を創り出していた。これは主に外国の名前を書き表わすという目的で編み出されたものである。[67] 歴史的に見て、セム語族系の民族はエジプトのヒエログリフに頻繁に触れ、[68] この事実がアルファベットの生まれるきっかけになったと想定される。すなわち、ヒエログリフは基本的にその多くが表意文字であるが、その一部の文字を表音文字に転用し、表意文字では表わしにくい形態素を表記しやすくしたのである。一般的によく誤解されることだが、表意文字と表音文字はまったく異なる歴史をもった、混じり合うことのないまったく別の文字体系というわけではない。ヒエログリフのように一つの文字体系の中に変化が見られることがある。

　原シナイ文字の碑文で用いられているアルファベット的文字の形状がヒエログリフの影響を受けていることは確かである。何世紀にもわたって、このシナイ文字は北方へと広がり、[69] 同系のセム諸語の文字（例：フェニキア文字）が誕生したのだった。次の図表はシナイ文字を中心とした一連の関連文字を比較するためのものである。

---

[66] 原シナイ文字については、文字の数も配列の順序もわかっていない。その子孫に当たるウガリト文字には27の子音字、フェニキア文字には22の子音字がある。文字配列に関しては2種類のタイプがある。フェニキア文字はABGDEの型であり、南アラビア文字はHMHLQの型である。それぞれの文字体系から発達した文字体系においても、この文字の配列の順序がよく保たれている。
[67] その他、表意文字の読みを助けたり、文法的な屈折を表現したりするのに用いられた。
[68] 例えば紀元前2000年前後にエジプト中部でセム人労働者が作り出したという説がある。
[69] シナイ文字をカナン人が創案しカナンの地に移した（カナン文字の誕生）。

ルーン文字の起源

原意	ヒエログリフ	ヒエラティック	シナイ発見の諸文字	古サムド系文字	南セム文字	フェニキア文字	モアブ文字	ヘブライ文字	音価	ヘブライ語の名称	ウガリット楔形文字
牛									ʼ	ʼAleph	
家									b	Bêth 1	
宮殿の角										Bêth 2	
扉									g	Gîmel	
歓喜									d	Dāleth	
鎖									h	Hē	
飾り竿									w	Wāw	
ロータス									z	Záyin	
緑葉									ḥ	Hêth	
セト									ṭ	Têth	
パピルス									y	Yôdh 1	
草木										Yôdh 2	
地平線									k	Kaph	
									l	Lāmedh	
水									m	Mêm	
蛇									n	Nûn 1	
蚯蚓										Nûn 2	
魚									s	Sāmekh	
目									ʽ	ʽAyin	
口									p	Pē	
顔									ṣ	Çādhē	
獣の腹と尾									q	Qôph	
頭									r	Rēš	
小枝									š	Šîn 1	
?										Šîn 2	
生命									t	Tāw	

シナイ文字（『世界の文字の図典』2009:71）

　エジプト人は絵文字を、頭音法によってそれぞれの文字の表わす語の最初の音を表わすものとして用いていた。このことが、表音文字の発達の契機になったと言っていい。この頭音法の原理が原シナイ文字・原カナン文字に影響を与えている（1915年、エジプト学者アラン・ガーディナーが、絵文字的なヒエログリフと原シナイ文字の記号との間に類似性を認める報告をしている）。考古学者ジョン・ダーネルが1993年～1994年にエジプト西部の砂漠地帯の街道沿いで2つの碑文（ワディ・エル・ホル碑文）を発見したが、これらは表音的な文字で記されているものとしては最初期のものである。このワディ・エル・ホル（「王妃の谷」の北方）で見出された碑文字に含まれる多くの字の形状はエジプトの文字に非常に近く、初期の表音文字体系とエジプトの表記体系とのつながりに確証を与えるものである。
　こうしたエジプト・シナイ・カナンの文字を祖とするフェニキア文字をギ

第 2 章　アルファベット文字体系の変遷

リシア人は借用したのである。フェニキア人と交易のあったギリシア人がフェニキア人から文字を学び、ギリシアでフェニキア文字を使い始めるようになった。このため、フェニキア文字とギリシア文字は同じ文字の呼び名をもち、両者の配列順序も同じである。ギリシア文字を母胎として、エトルリア文字・ラテン文字が生まれたという意味で、フェニキア文字は今日の西洋の多くの表音文字の源であると言える。ただし、ギリシア人はその後、さらにこの子音中心の文字体系を現在のアルファベットに変化させている。すなわち、ギリシア語は印欧語族に属していることからもわかるとおり、セム系諸語（フェニキア語・ヘブライ語・アラビア語など）に比べ、[70] 母音の表記に比重をおいたのである。[71] また、もともとのフェニキア文字は右から左へ表記する書き方であったが、紀元前500年以降のギリシア文字は左から右に書かれる点に相違がある。

　では、ギリシア語で発展した母音を表わす文字体系はどのように創られていったのであろうか。一見、大変困難そうにも思われるこの改革は実は案外、割と単純に解決された。すなわち、フェニキア文字は基本的に子音で始まっていて、その子音がその文字の表わす音として機能している（頭音法の原則）が、ギリシア人は例えば声門閉鎖音 [ʔ]（声門を閉じてから開放して出す音）を表わすフェニキア文字の 'alep を母音（α, 音価は [a]）として用いるようにした。こうした経緯を経て、フェニキア文字のいくつかの子音はギリシア語で母音として使われることとなった。今日の視点からふり返れば、単純な改革方法とも見えるが、その影響は絶大であった。母音の表記が可能となったことに伴い、ギリシア文字が現代ヨーロッパの多くの文字体系の起源となったのである。

---

[70] 例えばアラム文字は、紀元前7世紀にフェニキア文字から発達した。この文字体系は近東からアジアにかけて使われている現代の表音文字の源である。
[71] この際、2種の変種が生まれた。一つは西ギリシア型アルファベット（イタリア南部・アテネ以西）で、もう一つは東ギリシア型アルファベット（アテネ・トルコ）である。

初期ギリシア文字（『世界の文字の図典』2009:139）

　上の表「初期ギリシア文字」に、セム系の文字では表現できない音 ph, kh, ps を表わす文字が加えられることになる。この点に関しては、ギリシア語の中で東西の方言差が見られたが、紀元前4世紀にすべての方言域で「クラシック」（表の右から2段目）と記されているイオニア式の表記に統一された。

　この章で見てきたように、文字の全般的な発達段階として、およそ次のようなプロセスが想定されよう。まず初めに言語と直接結びつかないが意味を表わすような図像、つまり、文字ではないが意味を表わすことのできる図像であるピクトグラム（pictogram、絵文字）の集積が発達して象形文字となり、そこから現在のさまざまな文字体系が生まれたという過程である。例えばマヤ文字などの表意文字は、解読が進むまでは意味を表せないピクトグラムと

第2章　アルファベット文字体系の変遷

考えられていたが、現在ではこれも言語を表記する文字体系であることがわかっている。

ピクトグラム（絵文字）	
表意文字（象形文字を含む）	
表音文字	音節文字
	アルファベット[72]

　表音文字は、多くの場合、表意文字や象形文字のうち、いくつかの文字を借りて音節・音素だけを表わすのに用いられたことから成立・誕生した。すなわち、表意文字の読みを助けたり、文法的な屈折を表現したりするのに使われるようになったのである。あるいは、借用語や外国の地名・人名を音写するのに用いられた。このように例えばエジプト人は、[73] ピクトグラムを頭音法によってそれぞれの文字が表わす語の最初の音を示すものとして用い始めた。[74] このことが、表音文字の発達の第一歩となった。エジプト人の頭音法の原理が原シナイ文字や原カナン文字に影響を与えているのは確かである。つまり、何世紀にもわたって、表意文字体系が北方へ広まり、ここから世界中のさまざまな表音文字が誕生したと考えられる。

　次に、原フェニキア文字・フェニキア文字・ヘブライ文字・アラビア文字の対照表を掲げる。これら 22 の子音は北西セム語の音韻を表わしている。原シナイ語で復元された子音のうち 7 つはなくなっている。[75]

---

[72] すべての母音・子音をそれぞれ独立した文字で表記する体系のこと。
[73] 実際には、エジプトに居住していたセム人であったと言われている（紀元前 2000 年前後）。
[74] エジプト人は、文字体系を頭音による子音文字としてだけでなく、表意的あるいは音節的な用途にも用いていた。
[75] https://ja.wikipedia.org/wiki/%E9%9F%B3%E7%B4%A0%E6%96%87%E5%AD%97%E3%81%AE%E6%AD%B4%E5%8F%B2 （2016 年 9 月アクセス）

ルーン文字の起源

番号	原カナン文字		フェニキア文字		ヘブライ文字
1	'alp	「雄牛」		ālep	א
2	bet	「家」		bēt	ב
3	gaml	「投げ棒」		gīmel	ג
4	dalet	「扉」		dālet	ד
5	haw	「窓」		hē	ה
6	wāw	「鈎」		wāw	ו
7	zen	「武器」		zayin	ז
8	ḥet	「糸」		ḥēt	ח
9	ṭēt	「車輪」		ṭēt	ט
10	yad	「腕」		yōd	י
11	kap	「手」		kap	כ
12	lamd	「突き棒」		lāmed	ל
13	mem	「水」		mēm	מ
14	nun	「魚」		nun	נ
15	samek	「支える」		sāmek	ס
16	'en	「目」		'ayin	ע
17	pu	「口」		pē	פ
18	ṣad	「植物」		ṣādē	צ
19	qup	「綱」		qōph	ק
20	ra's	「頭」		rēš	ר
21	šin	「歯」		šin	ש
22	taw	「しるし」		tāw	ת

　ここでは、文字の歴史の一端を紹介したが、もちろんこれだけですべてを語り尽くしたわけではない。実用的単純さと文化的創意性を兼ね備える文字は、人間の知性の歴史をも担いながら各地・各文化圏に広がっていった。一

第2章　アルファベット文字体系の変遷

つの文字体系を学ぶ際、通時的また共時的な探究が必要なのは、歴史的変化を内包した文字がさまざまに流布していったからである。ここまでを基礎的知識として次の第3章からはルーン文字の歴史に踏み込んでいこう。

第3章　ルーン文字の諸問題

1967年にスウェーデンのSAS航空が北極回り航空路就航10周年記念として建てられた石碑（日比谷公園）。ラテン文字に置き換えると skandinauer opnada luftuagen melan iapan vok europa ofer nordpolen den xxiv februari mcmlvii ok reste dena sten til hogkomst tio ar senare（スウェーデン語：スウェーデンと日本の間の航路が開拓された記念に）

　21世紀の現在、この文字を実用文として見ることはない。古代から中世にかけてヨーロッパの一部で使われた文字で、今は用いられなくなった「滅びた文字」という印象であろう。ルーン文字は主に呪術や祭祀のために用いられた文字とみなされることが多いが、実際には日常的な用途でも使われた形跡があり、ルーン文字で記された書簡・荷札などが少なからず発見されている。[76] いかにも呪術的な面ばかり強調される（実際そうした用法が他の文

---

[76] ルーン文字は当初、祭祀のための独自の文字体系として発達した可能性はある。

第3章　ルーン文字の諸問題

字体系に比べて少なくなかったというのも確かであるが）ルーン文字も、実際の生活場面で日用的な用いられ方をすることも通常であったのである。呪術に用いられる神秘的な文字というイメージができあがってくるのは、ラテン文字との相対的な関係にある。つまり、ラテン文字が普及し、ルーン文字が古めかしく異教的な印象で感じられるようになった後代のことである。[77]

北欧にラテン文字が登場するのは、本来はルーン文字の領域であった貨幣の刻銘においてであった。実際のテキスト（法律・単語集）として初めてラテン文字が使用され始めたのは今日の版図で言えばノルウェーで、それでも11世紀後半のことで、英・独に比べるとかなり遅い。スウェーデン・デンマークでは13世紀以前に、ラテン語で書かれた自国語の写本はまだ一つも発見されていない。

今日、発見されている史料で確認されていることは、中世を通し、ラテン文字は羊皮紙に、ルーン文字は石碑に書かれることになったということである。最終的に、ルーン文字の「最後の姿」が見られるのは、デンマークで1311年頃、スウェーデンで15世紀まで、アイスランドで1681年である。[78]

ローマ側との関係で言うと、歴史家タキトゥス Tacitus はルーン文字らしきものについて『ゲルマーニア』で次のように言及している。

> 第10章
> 果樹から切り採られた若枝を小片に切り、ある種の印をつけて、これを無作為に、偶然にまかせて、白い布の上にバラバラと撒き散らす。ついで、もしこれが公の占いである場合はその邦のひとりの司祭が、私に行なわれるときは家長自身が、神に祈り、天を仰いで、一つまた一つと取り上げること三たびにして、取り上げられたものを、あらかじめそこにつけられた印に従って解釈する

---

[77] 清水（2012:19-20）：「ルーン文字の一つ一つは正確に音価と対応しており、実用性（日常的な通信）が念頭にあったことは疑いない」。

[78] ここで述べた「最後の姿」とは、ルーン文字の完全な消滅を意味するものではない。あくまでも日常的な実用上でのことである。所有の表示（洗礼盤・鐘など）としてルーン文字の署名が残されることがあり、ノルウェーの農民の間では今日でも所有のしるしにルーン文字が使われることがあるという。

のである。『ゲルマーニア』（泉井久之助 訳）岩波文庫（62頁）
virgam frugiferae arbori decisam in surculos amputant, eosque notis quibusdam discretos super candidam vestem temere ac fortuito spargunt; mox, si publice consuletur, sacerdos civitatis, sin privatim, ipse pater familiae, precatus deos caelumque suspiciens, ter singulos tollit, sublatos secundum impressam ante notam interpretatur.

　ここに出てくる nota(e)「印」はルーン文字と考えられよう。ルーン文字が最も完成した形と体系とを取って現われて来るのは紀元2世紀末期のことであるが、文字そのものの実際の使用はさらに古いことはこのタキトゥスの記述からも窺える。ここでいうルーン文字（『ゲルマーニア』は紀元98年の作）はまだ完成した文字体系ではなかったであろう。それらはいまだ文字というよりは、むしろ符牒であったと思われる。表音的アルファベットとしてのルーン文字は、この上にラテン文字の影響を受けて発達した。[79] 同じ趣旨のことがルーン学者マイアー Meyer（1896）にも見られる。マイアーはタキトゥスの notae への言及に基づき、ゲルマン人の間に祖フサルク（Urrunenalphabet）なるものを想定する。祖フサルクは極めて古いルーン文字と解されるが、より正確には頭音法により表意記号 Ideogramm より成立し、2～3世紀のラテン文字のアンシャル体（Uncialschrift）から影響を受け修正が加わったものであるという理解がなされているものである。[80]

アンシャル体アルファベット（『世界の文字の図典』2009:160）

---

[79] タキトゥス/泉井久之助 訳『ゲルマーニア』岩波文庫（63-64頁）
[80] 『世界の文字の図典 普及版』吉川弘文館（160頁）：「2～3世紀にラテン文字の字形に現われた書体。荘重な書体で、筆記具・紙質（パピルスから羊皮紙へ）の変化に伴う書写の際の角度の変化のためと考えられる。それまでの書体が概して横線が太く縦線が細かったのに対し、線の太さがほぼ逆になり全体に円みを帯びている」。

第3章　ルーン文字の諸問題

第1節　ルーン文字とは？

－ゲルマン語の古い書記記録から－

　かつて民族大移動期に、1王国を築いていた西ゴート人が残した、まとまった文献がゲルマン語の最古のテキストである。[81] すなわち、4世紀に『聖書』を翻訳した西ゴート人ウルフィラ（Wulfila；アリウス派の司教、311～382年）によるテキストであり、次に挙げる「主の祈り（Paternoster, 独 Vaterunser）」（マタイ 6:9-13）は、6世紀に転写された写本「銀文字聖書 „Codex argenteus"」を1行ずつ忠実に再現したものである。[82] このテキストは鮮やかな紫色の羊皮紙の上に銀色のインクで書かれており、[83] 当時ラヴェンナに居住していた東ゴート人のテオドリクス王のもとで仕上げられたという。

　　　Atta unsar þu in himinam
　　　天にましますわれらが父よ
　　　weihnai namo þein. Qimai thiudi
　　　あなたのお名前が聖なるものとなりますように　あなたの王国が
　　　nassus þeins. Wairþai wilja
　　　やってきますように　あなたの御意志が
　　　þeins, swe in himina jah ana
　　　天においてと同じようにこの地においても実現されますように
　　　airþai. Hlaif unsarana þana sin
　　　われわれの毎日のパンを今日も
　　　teinan gif uns himma daga. Jah
　　　われわれにお与え下さい　そして

---

[81] ルーン文字を使った断片は、これ以前の時期においても見出される。
[82] ゴート語の発音について：（hまたはrの前の）aí は [ε] と発音する；（hまたはrの前の）aú は [ɔ] と発音する；ei は [i:] ；gg は [ŋ] と発音する；h は語中音と語末音および hl–, hn–, hr– という頭音としての結合では [χ] と発音する；q = qu；s は無声で発音される；þ は英語の th と同じ発音をする。
[83] スウェーデンのウプサラ大学図書館所蔵。

— 39 —

aflet uns þatei skulans sijai
われわれが犯すであろう罪をお許し下さい
ma, swaswe jah weis afletam þai~
われわれもまたわれわれの中の罪深きものを
skulam unsaraim. Jah ni brig
許すように われわれを誘惑の手に
gais uns in fraistubnjai, ak lau
さらされないで下さい その代わりにわれわれを
sei uns af þamma ubilin. Unte
悪しきものからお救い下さい なぜなら
þeina ist þiudangardi jah mahts
あなたの王国は全能で
jah wulþus in aiwins. Amen.
栄光のあるものですから アーメン

　では、西ゴート人の僧侶ウルフィラがギリシア語『聖書』をゴート語に翻訳した際、[84] 用いた文字は何であったのか？ 実はこの折にウルフィラがギリシア語（と部分的にルーン文字）をもとにして生み出したアルファベットこそが、27文字からなるゴート文字であった。

　このうち20文字はギリシア文字から、5文字はラテン文字から、2文字はルーン文字から取り入れたと言われている。具体的には、 G （J; ラテン文字のG） n （U）の2文字がルーン文字である。キリスト教徒にとって

ゴート文字アルファベット
（『世界の文字の図典』2009:146）

---

[84] このゴート語『聖書』はウプサラ大学の図書館の展示室で見ることができる。

第 3 章　ルーン文字の諸問題

　神聖な古典語として認識されていたギリシア語・ラテン語から、それぞれの文字が取り入れられていることは自然なことのように思えるが、2 文字だけとはいえ、なぜウルフィラがルーン文字を取り入れているのかは興味深い問題である。

　ルーン文字には何かしら呪術的な秘密というニュアンスが内包されているように感じられ、この文字で書かれたテキストは古代ゲルマンの息吹を感じさせるものである。あるいは、ウルフィラのような中世の教養人もそのことを感じていたのかもしれない。このような想像は厳密な科学的アプローチとは異なるが、史料が限られる中世初期のテキストに臨む際は、人間のもつ感性的判断も考慮するべき一要素であることも留意するべきであろう。ただ、残念なことにこれら当時のテキストは基本的に呪文を記した断片的な形でしか今日の私たちには伝わっていない。[85]

　ウルフィラは「マルコによる福音書」の中の「神の王国の神秘」（4 章 11 節）を、rūna þiudangardjōs guþs と表現している。ルーンという語自体に「神秘・秘密」という意味合いが含まれていた例証である。この当時（4 世紀）、ゴート語の rūna は、語義的には、ギリシア語の μυστήριον「秘密・奥儀」、συμβούλιον「協議・決定」、βουλή「神意・決議」の 3 語を訳すのに用いられている。[86] ゲルマン諸語に共通する原義「秘密」から「（秘密を）ささやく」→「協議」→「決議」という意味派生のプロセスを経たと考えられる。また、かなり早くから rūna を「ルーン文字」の意味で使っていたことを裏付ける文献（ラテン語、6 世紀）がある（Poitiers の司教 Venantius Fortunatus の手紙）。[87] この文書は、小枝にルーン文字が書かれたことの証左となるものでもある。

　　　barbara fraxineis pingatur runa tabellis:
　　　quodque papyrus agit, virgula plana valet.

　　「蛮族のルーンはとねりこの小さな板に描かれる。
　　　パピルスがすることを平らな小枝がやるのだ」

---

[85] Haarmann（²1991）を参照のこと。
[86] Streitberg, W.（³1950）の Die gotische Bibel (Heidelberg) による。
[87] Leo, F. 編 M.G.H., *Auct. Antiq.* t. IV, 1, S.173.

この語 rūna は、ゲルマン語からケルト語に受け継がれ、古アイルランド語とスコットランドのゲール語で rūn「秘密」として、ウェールズ語では rhin「秘密」として伝わっている。さらにフィンランド語に runo「歌」として借用された。

さて、ルーン文字の体系は初期の古形では 24 個（新しい時代である、初期のノルド語およびアングロ・サクソン語の変異体では 16 または 26 ないし 33 個）の表音文字から成り立っており、いわゆるラテン文字の ABC に倣い、最初の 6 文字をとって「フサルク」f-u-þ-a-r-k と呼ばれる。ルーン文字は何よりもまず石・木・金属[88]・骨の上に彫ることを目的とし、それに適った特徴（例えば、直線的である等）をもっている。本質的には銘文（Epigraph）の文字であり、一つ一つのテキストは概して短い。また、銘文の数は少なく、ぜんぶ集めても 230 に足りない。[89] 24 個のルーン文字で石碑や武器や護符に記された最古の記録が書かれた時代としてはゲルマン民族内部ですでに分岐が起こっていた時期に入ってからのものであることは確かである。[90]

古フサルク期の銘文について用法を整理してみると、だいたい (1) 呪術的・(2) 世俗的の 2 用法に大別できる（現存する銘文を量的に見ると (2) の方が (1) より多い）。主な特色として、(1) の用法についてはもちろん、(2) の用法に関しても、私的な使用であるという点が挙げられる。歴史・法律・文学などを公的に後世に伝えていく使用例はない。また、ルーン文字を彫る者（Runenmeister）はごく限られた階層であり、大衆から一段離れた存在であっ

---

[88] 北欧では、青銅の冶金術が紀元前 1500 年頃、鉄の使用が紀元前 500 年頃、始まったとされる。

[89] 谷口（1971:3-5, 59-64）

[90] シュミット（2004:89）。それにも拘わらず、ルーン文字によるテキストは依然としてなお古語を含んでいて、より古い共通ゲルマン語（Gemeingermanisch）の状態を照らし出すのではないかと考えることができる。

第 3 章　ルーン文字の諸問題

た。そのため閉鎖的な使用状況にあった。[91] すなわち、ルーン文字の知識はわずかな者たちだけのものであり、その書記技術は一握りの者たちが保持していた。

　ルーン銘文はゲルマン語最古の(断片的)資料であるが、一般にルーン文字の史料は碑文に使われた文字としてことさら印象深く記憶されている。ルーン碑文と言われることが多いのは、新ルーン文字（ヴァイキング時代：9世紀〜）が規模の大きい石碑に書かれたためである。初期には、製作者の名前を記した1語から2語のものが多く、断片的で数語の短文にとどまることが多かった。また、文字の配列は左から右に書くことが多いが、その逆もあり、また牛耕式（boustrophedon writing, エトルリア人によるラテン文字資料にも見られる）のこともある。この牛耕式とは、左から右に書いた場合、次の行を右から左へ書くという、ちょうど一筆書きのように折り返して書く文字配列を指す。昔、農民が農耕牛を使い畑を耕す際に、右から左へ、左から右へと行ったり来たりする往復運動を連想させるため、この名前が付けられた。大文字と小文字の区別はなく、語の切れ目は明示されなかった。

　以下に、こうしたルーン銘文の一例を示してみると次のようである。[92]

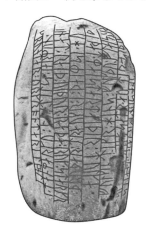

---

[91] 谷口（1987:239-240）
[92] 『言語学大辞典』別巻「世界文字辞典」S.1141 にある銘文例。左から右また右から左というように牛耕式という交互の方向に書かれる方式がとられている。

先に7行目〜9行目を読み、続いて1行目〜6行目に移る。

ラテン文字への転写
+ s-a... --(s)- i(a)s * satr * aiftir * si(b)(a) * kuþa * sun * fultars * in hons ** liþi * sati * at * u * -ausa-þ-... +: fulkin : likr : hins : fulkþu : flaistr (:)* uisi * þat * maistar * taiþir : tulka * þruþar : traukr : i : þaimsi * huki * munat : raiþ:uiþur : raþa : ruk:starkr * i * tanmarku : --ntils : iarmun**kruntar : urkrontari : lonti

古ノルド語
7行目〜9行目：S[t]æ[inn] [sa]s[i] es sattr æftiR Sibba Goða,
　　　　　　　sun Fuldars, en hans liði satti at ... ...
1行目〜6行目：Fulginn liggR hinns fylgðu,
　　　　　　　flæstr vissi þat, mæstaR
　　　　　　　dæðiR dolga ÞruðaR
　　　　　　　draugR i þæimsi haugi;
　　　　　　　munat Ræið-Viðurr raða
　　　　　　　rogstarkR i Danmarku
　　　　　　　[Æ]ndils iarmungrundaR
　　　　　　　uRgrandaRi landi.

現代英語
7行目〜9行目：This stone is placed in memory of Sibbi the good,
　　　　　　　Fuldarr's son, and his retinue placed on ... ...
　　　　　　　「この石、フォルダルの息子シッベのために建てられる。しかし、その部下は［…］。」
1行目〜6行目：He lies concealed,
　　　　　　　he who was followed
　　　　　　　by the greatest deeds (most men knew that),
　　　　　　　a chieftain (battle-tree of [the Goddess] Þrúðr)
　　　　　　　in this howe;
　　　　　　　Never again shall such a battle-hardened sea-warrior

第3章　ルーン文字の諸問題

(Viðurr-of-the-Carriage of [the Sea-king]
Endill's mighty dominion (= God of the vessels of the sea)),
rule unsurpassed over land in Denmark.
「彼、姿見えず、この高塚に横たわる。いさおし高きこと世に知られたる勇者、わだつみにかくも猛き覇者の再び来たりてデンマークの国を治むることなからん。」

　また、有名なルーン文字テキストとして特によく引用されることが多いのは、ガレフースの黄金の角笛 Goldhorn von Gallehus（紀元後400年頃）で、次のようなものである。[93]

EKHLEWAGASTIZ: HOLTIJAZ: HORNA: TAWIDO
「我、ホルティング（Holtの息子）であるフレワガスト Hlewagast がこの角笛を作れり」

Goldhorn von Gallehus (Dänemark) mit Inschrift und mystischen Bildmotiven
(um 400 n. Chr.)

ekhlewagastiR　　holtijaR　　horna　　tawido
„ich HlewagastiR　HoltijaR　das Horn　machte"

　さらに、7世紀の初め、すなわち、すでにアレマン族の初期の時代のもの

---

[93] ガレフース（Gallehus、デンマークの南部）の角笛は純金製（5世紀）で、現物は盗難にあい溶解されてしまったが、詳細な模写が残っている。

となるが、[94] ビューラッハ Bülach（チューリッヒ Zürich）の女性の墓から発見された円形の留め金 (cheibenfibel)[95] に書かれた「愛の銘文」Liebesinschrift はとりわけルーン文字に特有の暗号的な機能を例証するものである。[96]

　　FRIFRIDIL
　　„Friedel"「フリーデル」

　　DU[97]
　　„du"「おまえは」

　　F[A]T[O] MIK L
　　„fasse mich"「私をつかめ」[98]

　　L　　L[99]
　　2個のルーン文字 L（左方向書き）[100]

　このようにルーン文字のテキスト（とりわけ最後の銘文）は何か怪しげな魔力を宿すものとみなされている。そもそも、もともとルーンという名称そのものが言わば言霊のごときものを指し示すものである。実際、ルーン文字が彫られている石碑には、龍や騎士の姿のような神話的図像を伴うものが多く、このルーン文字は古代ゲルマンの神話的世界へと私たちを誘う。[101] ルー

---

[94] 摩擦音は初期のルーン文字にはなく、TとKの文字は、7世紀のアレマン語ではすでに摩擦音の ss と ch を表わしている。
[95] 鹿の骨の白斑製の留め金。
[96] 銘文の詳しい解釈は Klingenberg(1976)を参照。
[97] ルーン文字 þ（ソーン thorn）の代わりに、1行目 fridilt・2行目 du で、文字 d を使用していることは注目に値する。
[98] 暗号化したルーン文字 L が付けられている。
[99] ルーン文字の呪術（Runenmagie）によれば、ルーン文字 L は LAUKAZ「ネギ Lauch」を意味している（これは「多産」・「魔法の催淫薬（媚薬）」のシンボルである）。
[100]「ネギ Lauch」または「男根 (G)lied」を意味している。
[101] ページ (1996:5)

第 3 章　ルーン文字の諸問題

ン文字は地理的には、主としてスカンディナヴィア半島やブリテン島など北西ヨーロッパで用いられているが、[102] 紀元後 3 世紀頃から 17 世紀にかけて飾り物や記念碑などに使われ続け、現在、約 4000 の銘文と若干の写本が残されている。ルーン文字による石碑は、中世初期以降に見られ、700 年から 1100 年ごろのヴァイキング時代に最も多く作られた。口述の伝統であったため、西ヨーロッパに比べるとスカンディナヴィアは中世初期の歴史について文献による記述が少ない（最初の法典・歴史が編集されたのは 12 世紀になってからのことである）。現存する初期の時代のものと同定された短いテキスト以外、大半は石に刻まれた状態で発見されている。

　イギリスにもルーン銘文の広がりが見られることは、古英語の叙事詩「ベオウルフ Beowulf」（8 世紀）に次の叙述があることからもわかる（1695 行以下）。ルーン文字が剣に彫られた場面を記す箇所である（下線の部分）。[103]

　　Swā wæs on þæm scennum sciran goldes
　　þurh run-stafas rihte gemearcod,
　　gested oad gesæd, hwām þæt sweord geworht,
　　irena cyst, ærest wære,
　　wreoþen-hilt ond wyrm-fāh.

　「さて又この輝く黄金の剣のつか頭には何人のために最初この剣、捩(よ)れたるつかと屈曲せる飾りとを有するこよなくいみじき鋼が造られたりしかがルーン文字もて正しく刻印され、嵌め込まれ告げられてぞありける」[104]

---

[102] コムリー（1998:190-191）：「西ゴート族のウルフィラが紀元 4 世紀に聖書を翻訳した際、独自のアルファベットを作り出した。ギリシア語のアルファベットとラテン語のアルファベットに基礎をおきながら、u と o の 2 文字は例外でルーン文字から由来している」。ルーン文字はキリスト教徒にとっては、異教徒が呪文として用いていた記号であるから、本来的には聖書翻訳の文字としては使いたくなかったであろうが、ゲルマン系の音の正確な表記のためにこのルーン文字にやや似たものを使わざるを得なかったのである（小塩 2008:17）。
[103] イギリスでは早くからキリスト教化が進みラテン語の影響が強かったため、ルーン文字の使用はあまり多くなかった。
[104] 厨川文夫 訳（岩波文庫）

さて、ルーン文字の起源に関する重要な課題として、ルーン文字がいつ成立したかという時期の問題がある。フサルク銘文にスカンディナヴィア諸語の特徴が明確に見られるようになるのはおよそ西暦 500 年以降である。[105] モデルとして、ゲルマン祖語（Proto-Germanic）：紀元前 2000 年頃、北西ゲルマン語（Northwest Germanic）：紀元後 150 年頃、北ゲルマン語（North Germanic）：紀元後 450～500 年頃という推移の図式をたてると、[106]

　　　北西ゲ(Nw.G)の時期に、/ai/ > /ǣ/ という単母音化、および、
　　　　　/ǣ/ > /ê/ という音変化、
　　　　　すなわち、/ai/ > /ǣ/ > /ê/
　　　　　という連続した音変化が起こっているので、

　　　PG */tawidai/ > NwG /tawidê/「作った」（3 人称単数過去）

というように /ê/ が予測されるが、

　　　'tawide'「作った」(Garbølle 木製箱、400 年) の他に、

実際には、'talgidai'「彫った」（Nøvling フィブラ、200 年）、'maridai'「飾った」（Vimose フィブラ、250～300 年）、'aiwuidai'「作った」（Darum ブラクテアート、450～550 年）のように、-ai という表記が見られる。実際には音変化が起こっているのであるが、この表記が残っているのは、書き言葉は保守的で、より古い書記法が優先されたためだと考えられる。[107]
　また、この音変化と同じ原理で、

---

[105] 最古級の銘文は必ずしもスカンディナヴィア諸語の特徴に限っているとは言えない。
[106] Antonsen (2002) は北ゲルマン語・西ゲルマン語の区別がほとんどない時期を北西ゲルマン語と名付けている。
[107] ガレフースの黄金の角笛 Goldhorn von Gallehus（紀元後 400 年頃）の中、EKHLEWAGASTIZ: HOLTIJAZ: HORNA: TAWIDO「我，ホルティング（Holt の息子）であるフレワガスト Hlewagast がこの角笛を作れり」というふうに –o の綴りも見られる。

第 3 章　ルーン文字の諸問題

　　PG */hanhai/ > NwG /hanhê/「軍馬」（a 語幹単数与格）

に関しても、同様に、

　　'winai'「友」（Årstad 石碑, 300 年）、
　　'faþai'「夫・主」（Charnay フィブラ、550～600 年）

のように、-ai という古い表記が見受けられる。この現象も、先の場合と同じく、書き言葉の保守的な性質のため、古い書記規範に従ったためであろうと考えられる。

　歴史学的・考古学的に言うと、これまでに知られている最古のルーン銘文は紀元後 2 世紀後半の「ヴィモーゼ Vimose の櫛」（Vimose：デンマークの地名。オーデンセから北西の方角）で、harja という文字列が刻まれている。

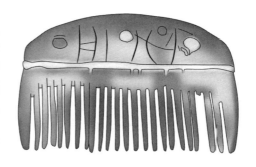

　この harja が彫り手を指しているのか所有者のことなのかは不明である。ヴィモーゼ Vimose はオーデンセ（デンマーク）から北西へいったところで、ここから 1848 年から 1869 年の間に 3,600 点ばかりの出土品（武器・道具・装身具・遊具など）があった。ユトランドからフェーネン・シェラン島にかけては沼地が多く、こうした沼地に戦勝の供物として、曲げたり折ったりした武具その他を投じたのであろう。[108]
　ただ、今日もなお決着の付いていない、Meldorf（ドイツのシュレスヴィヒ・ホルシュタイン州の古都）で 1979 年に発掘されたフィーブラ（Fibulε, 衣服などの飾り留め金用のブローチ）に記された文字に絡む議論（ルーン文字な

---

[108] 沼地は、特殊な酸があり、また気体や液体の流通がないため、驚くほど保存状態のよい出土品が残っている。

のかラテン文字なのか）から得られる情報は少なくない。[109] このフィーブラに表記された文字をルーン文字だと想定すれば、[110] ルーン文字の誕生をいくらか早い時期に（およそ紀元後 50〜100 年くらいに）設定し直さなくてならないことになる。[111]

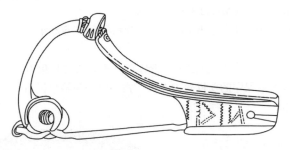

Meldorf のブローチ

ただし、同時期にこの近辺からルーン文字の銘文が見つかっていないこともあり、必ずしも先行研究がこの意見（「Meldorf 銘文」をルーン文字と確定する）に集約されているわけではない。[112] 現状では、ラテン文字（大文字）で表記されたゲルマン語のテキストであるという見解が優勢である（Odenstedt 1990:148 など）。つまり、ゲルマン語を表記するのにラテン文字を使っているということであり、これは同時に、ローマ文化とゲルマン文化の接点からルーン文字が成立したという立場を裏付ける史料ともなり得る。こうして、Meldorf の留め金用ブローチは、敢えてルーン文字とみなし hiwi（女性単数与格）「私の妻に」と読むよりは、[113] むしろ（左から右へと書かれた）

---

[109]「Meldorf の留め金」は、出土地のものであり、遠くの土地からもたらされたものではない。
[110] 清水（2012:54）では「ラテン文字に似たルーン文字」とされている。
[111] Moltke（1985）の考えによれば、紀元前後 ±100 年に、ラインラント（ライン川以西の地方）からデンマークへもたらされたラテン文字を基にルーン文字が案出されたとみなされている。
[112] Düwel (1981) 'The Meldorf Fibula and the Origin of Runic Writing', *Michigan Germanic Studies*, 7.
[113] Looijenga (1997:324) : The inscription on the Meldorf brooch (dated ca. 50 AD) can be read as *hiwi*, which, according to Düwel (1981a:12) is a "fairly well-known etymon, occurs, for

第3章　ルーン文字の諸問題

ラテン文字（大文字）と解釈するのが妥当であろう（IDIN）。[114] すなわち、iðin (-ôn という語尾ではないが)「Ida のために」と（もしくは「Idda のために（男性単数与格）」）という読みである。[115] 少なくとも、ゲルマン人がルーン文字を生み出そうとしている時点で、ラテン文字はゲルマン人に十分よく知られた文字体系であった。[116]

　この章でここまで見てきたように、ルーン学の視界は広く、かつ、その先行研究の歴史も長い。スウェーデンをはじめとする北欧でのルーン学の萌芽は、16 世紀のブレーウス（J. Bureus）および マーグヌス（J. & O. Magnus）兄弟、あるいは、17 世紀のルートベック（O. Rudbeck）の研究にある。ただ、当時の風潮は聖書学的解釈が加わり、ルーン文字はヘブライ文字に由来するとする見方が強かった。その後のヴォーム（O. Worm, 1651 年）の著作[117] でも「ルーン文字はアジアで生まれ、ヘブライ文字起源である。ギリシア文字・ラテン文字も同起源であり、ルーン文字はギリシア文字・ラテン文字よりもずっと古い」という見解が示されている。今日的な意味で最初のルーン学者

---

instance, in Gothic heiwa-frauja 'landlord, master of the house'."

[114] 2 番目の文字の形に基づく判断・意味解釈は確かに難しい（iþih あるいは iwih とも読める）。

[115] Düwel (1981b)：'Runes, Weapons, and Jewelry: A Survey of Some of the Oldest Runic Inscriptions', *Mankind Quarterly* 21, S.71-73., あるいは Düwel, K. & Gebühr, M. (1981)：„Die Fibel von Meldorf und die Anfänge der Runenschrift", *ZdA* 110, S.152-175.

[116] 曜日の名称はローマからゲルマニアにもたらされた典型例である（英語の曜日の語源は天体に由来するものと神話に由来するものに分かれる）。

曜日	英語	語源
月曜日	Monday	月（moon）の日
火曜日	Tuesday	北欧神話の軍神 Tiw
水曜日	Wednesday	北欧神話の主神 Woden
木曜日	Thursday	北欧神話の雷神 Thor
金曜日	Friday	北欧神話の女神 Freija
土曜日	Saturday	土星（Saturn）の日
日曜日	Sunday	太陽（Sun）の日

[117] *Runar sea Danica Literatura antiquissima, vulgo Gothica dicta.*

はデンマークの D. L. Wimmer と言えよう。彼は 1874 年出版の *Runeskriftens oprindelse og utvikling i norden* の中で「古フサルクはラテン大文字に由来する」と言明している。[118] 徐々にルーン学が考古学と結び付き学術的になり、1930 年代ドイツの W. Krause や H. Arntz などの学者[119] を経て、W. Krause の弟子 K. Düwel の時代になってルーン学は本格化したと言える。[120] いずれにしても、20 世紀後半になるまでは、個別の研究がなされ続けていたにせよ、方法論が共有されていたとは言い難い。

> Although research on the runic incriptions written in the older *futhark* (c.200-750 A.D.) began more than a century ago, and although many books and thousands of articles have been published, no systematic investigation of the various *forms* of the older runes has so far been made. (Odenstedt 1990:9)

以下に、ゲルマン共通ルーン文字（古フサルク）の形状を示す。およそ 8 世紀くらいまでゲルマン語圏全域で用いられていたと考えられる。ラテン文字への転写、推定される文字の音・意味も併せて記す。[121]

---

[118] しばらくして 1906 年にスウェーデンの O. von Friesen が「ルーン文字は 3 世紀のギリシア小文字体 minuscule」に由来すると述べ、その後、今日まで続くラテン文字説・ギリシア文字説の論争の出発点となった。H. Eichner (2006)：「近年ルーン文字の起源を巡る議論が再び活気づいてきている」(In letzter Zeit hat sich die Diskussion über den Ursprung der germanischen Runenschrift wieder deutlich belebt.) という指摘のとおり、この問題は（北イタリア文字説も加わり）現在もなお盛んに論じられている。
[119] 彼らの見解はいくらか魔術に依りすぎるところがあった（モットーが in dubio pro magi「疑わしい場合は魔術による」であった）。
[120] イギリスの R. Page なども挙げられる。
[121] ルーン文字の画像は http://www.isop.co.jp/main/rune/runeindex.htm（2016 年 9 月アクセス）より。

第3章　ルーン文字の諸問題

ルーン文字	転写	音	意味
ᚠ	f	[f], [v]	*fehu「財産・家畜」。英語の *fee* やドイツ語の *Vieh* に相当。
ᚢ	u	[u]	*ūruz「野牛」
ᚦ	þ	[θ], [ð]	*þurisaz「巨人・怪物」。古英語の *þorn*「棘」
ᚨ	a	[a]	*ansuz「神」
ᚱ	r	[r]	*raidō「騎乗・乗り物」。英語の *ride*、*road* と同語源。
ᚲ	k	[k]	*古英語の *cén*「松・松明、古ノルド語の *kaun*「腫れ物」に相当。
ᚷ	g	[g]	*gebō「贈り物」。英語の *gift*、*give* と同語源。
ᚹ	w	[w]	*wunjō「喜び」
ᚺ	h	[h]	*hagalaz「雹」。英語の *hail* の語源。
ᚾ	n	[n]	*naudiz「欠乏」。英語の *need* と同語源。
ᛁ	i	[i]	*īsa-「氷」。英語の *ice* の語源。
ᛃ	j	[j]	*jēra「年」。英語の *year* の語源。

ルーン文字の起源

ルーン文字	転写	音	意味
ᛇ	ü, é	[i]と[e]の中間([ɪ])	*īhwaz「イチイの木」。英語の *yew* の語源。
ᛈ	p	[p]	*perþ-
ᛉ	Z, R	[z], [r]	*algiz
ᛊ	s	[s]	*sōwilō「太陽」。
ᛏ	t	[t]	*tīwaz「軍神テュール」。
ᛒ	b	[b]	*berkanan「樺の小枝」。英語の *birch* の語源。
ᛖ	e	[e]	*ehwaz「馬」。
ᛗ	m	[m]	*mannaz「人間」。英語の *man* に相当。
ᛚ	l	[l]	*laguz「水」。英語の *lake* と同語源。
ᛜ	ŋ, ng	[ŋ], [ŋg]	*ingwaz
ᛟ	o	[o]	*ōþila-「世襲の土地」。
ᛞ	d	[d]	*dagaz「日・昼間」。英語の *day*、ドイツ語の *Tag* に相当。

第2節　ルーン文字の由来

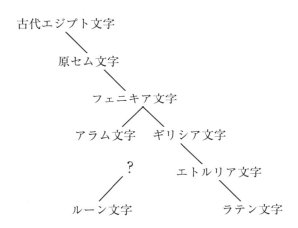

　この図表も示しているように、ルーン文字体系の起源に関しては、古来、多くの学者が論議して今日に至っているものの、今なお未解決であると言わざるを得ない。

　　"The creation of the runic system almost certainly owes something to interaction between Roman and Germanic culture, though the mechanisms at work are subject to much debate. Debate over runic system's origins has produced an enormous body of scholarship."
　　(Anderson 2005:1)

　文字の起源論には、由来そのものの他に、誰（どの民族）が借用・作成したのか、あるいは、いつどのような変遷をたどったのかといった論点も含まれることになるが、ルーン文字について、これらのすべてを破綻なく説明できるテーゼはまだ提出されていない。ルーン文字の起源論は、なお決め手を欠く推察のみに基づき未だ仮説の域を出ていないのである。今のところ、はっきりしている諸点は、1）フサルクを初めて創造した者はかなり自主的に文

字を創ったこと、2）ゲルマン語に応じた文字の工夫をこらしていること、3）ギリシア・ラテン・北伊（エトルリア）のいずれとも完全に無縁ではないこと、等である。[122]

今日、古フサルクの銘文が極めて多く出土しているのはデンマークで、年代的には遅くとも紀元後200年頃にさかのぼり、成立は紀元後1世紀前半とされている。先行研究史を通じて、ルーン文字がアルファベットの系統の中でどこに関連付けられるかという点には不確定の要素が多分にある。古くは、イタリア北部で非印欧語族のエトルリア人が用いていた古いラテン文字を、現地で接触したゲルマン人が独自の創造を交えて借用したとする意見が多かったが、近年では、ローマ帝国との接触が密接だったデンマークのユトラント半島南部を発祥の地とする説が有力である。[123] ルーン文字の言語（紀元2世紀頃）は確かに原始的なゲルマン語で、多くの点でゴート語より古風である。[124] この言語形態・文字体系からルーン文字の起源について推察したウォルシュ M.O'C.（1990）も「ルーン文字の正確な起源は完全には明らかではないが、それらの文字は黒海沿岸のゴート族あるいはたぶんボヘミアを占領したゲルマンの部族マルコマンニ族の間で発達したようである。元になったのはギリシア文字かラテン文字で、可能性の強いのは北イタリアの文字らしい」という妥協案的な結論付けしかできていない。[125]

---

[122] 谷口（1971:22）

[123] 清水（2012:18-20）:「ゲルマン人は沼を神聖化し遺品を葬る習慣があり、古いルーン文字資料（木材など）が泥炭地層からなる沼沢地で見つかる」。確かに、考古学的にもデンマークは泥沼が多く、ここから出土するものはほとんど外形が損なわれていない。

[124] ウォルシュ M.O'C. 藪下紘一 訳（1990:19）『北欧語入門』北海道大学図書:「後に8世紀頃、音変化が起きて16文字に縮小したルーン文字（新フサルク）は主に日常生活で使われた」。

[125] ウォルシュ M.O'C. 藪下紘一 訳（1990:18）『北欧語入門』北海道大学図書。

第 3 章　ルーン文字の諸問題

ギリシア・ローマ両アルファベットの比較
　（『世界の文字の図典』2009:157)

　長い先行研究の中で常に問題となってきたのは、これまで決して統一的で決定的な見解が打ち出され得なかった点である。この点を以下、先行研究の歴史を類別化してまとめれば、①ラテン文字説、②ギリシア文字説、③北イタリア(エトルリア)文字説 となる。従来、これら3つの学説がいつも取り沙汰されてきた。いずれも、ルーン文字が直接どの文字体系をモデルにしたのかを問う問題提起である。以下、それぞれの説の概観を見ていこう。

第2節 第1項　ラテン文字説

　歴史学・考古学的に照らしてみても、ルーン文字の発生の背景にあってモデルとしてはたらいたであろう候補として挙げられる可能性の最も高いのはラテン文字である。[126]

> 'It can hardly be doubted that it was the Roman alphabet that served as a model when the *futhark* was created some time at the beginning of our era.' [127] (Odenstedt 1990:Abstract) [128]

　例えば、ルーン文字はラテン文字（大文字）から発達したという立場にたつデンマークの学者ヴィーマ（Wimmer, L.F.G., 1839～1920）は、ルーン文字とラテン文字の外形的類似という観点[129]以外に、言語文化的・歴史的事情を考慮した点で合理的な説明を行っていると言える。[130]

---

[126] 確かに、ルーン文字は、ギリシア文字、あるいは、北イタリア（エトルリア）文字を基にして生み出されたという説、もしくは、初期のルーン遺物が多く発見されている東ヨーロッパで生まれたとする考え方、など定説が確立するには至っていない。

[127] Düwel (⁴2008:3) も「ラテン文字説だけが相変わらず強く支持されている」„Nur die Latein-These findet nach wie vor starke Beachtung." と述べている。

[128] Vennemann (2012:532): „ [...] scheint die lateinische These neuerdings an Boden zu gewinnen. Was insofern verständlich ist, als Skandinavien, wo die ältesten Runeninschriften gefunden wurden, sich zur Entstehungszeit dieser Inschriften zumindest am Rande des großen römischen Kulturraums befand."

[129] アントンセン（E. H. Antonsen）はこの点に問題を投げかけている。すなわち、ルーン文字の基本形とされているものはあくまで後世の研究者による再建形であり、基本形が確立していない上でラテン語の大文字と対比するという作業の妥当性に関する疑念である。

[130] モルトケ（E. Moltke）もヴィーマの考え方を支持している（紀元前後100(50)年にライン川以西のラインラント地方からラテン文字がデンマークにもたらされ、その地でルーン文字が生み出されたとしている）。まずローマ人とゲルマン人の間を仲介したのは北部イタリアのケルト人であると主張されている（ヴィーマ）。その他、Pedersen (1923)、Agrell (1938, ラテン文字の斜字体に注目)、Askeberg (1944, ゴート人がまだヴァイクセル河口付近にいた1世紀にルーン文字を創造したという考え) 等の学者が賛同しており、修正・手直しが加えながら今日まで絶えることなく支持が継承されている。

第3章　ルーン文字の諸問題

Rune	Roman capitals	Runes	Roman capitals
ᚠ	F	↓	Z
ᚡ	V	ᛪ	new letter
ᚦ	D	ᛦ	Y
ᚨ	A	ᛋ	S
ᚱ	R	↑	T
ᚲ	C	ᛒ	B
ᚷ	X	ᛖ	E
ᛈ	P	ᛗ	M
ᚺ	H	ᛚ	L
ᛏ	N	◇	Q
ᛁ	I	ᛞ	new letter
ᛊ	G	ᛟ	O

（『ルーンの系譜』2005）

　ルーン文字の誕生・成立は、紀元後まもなくローマ人と密接な関係にあった南ドイツ・ライン川沿岸あたりのゲルマン人によるもので、そこから近隣の諸民族へ、さらに北欧へと広まり発達していったのであろうという説明である。[131] つまり、ローマ帝国との国境付近には、ローマ帝国と接触をもつローマ化したゲルマン部族がいたが、[132] この地域からライン川やエルベ川を伝って北海ルートをとり、文化や物品と共にルーン文字の知識が伝わったのではないかという想定である。いずれにしても、ローマ帝国と接触していたのは、ゲルマン人のエリート層、すなわちローマ帝国に雇われた高級軍人・職人・商人であったであろう。[133] このように、ライン川流域でゲルマン人が紀元後

---

[131] 岡崎（1999:5）
[132] ルーン文字は徐々に発達したものではなく（4世紀の西ゴートでゴート・アルファベットを創り出したウルフィラのような）ある特定の人物によって作り上げられたとする見解がある。
[133] 谷口（1971:60-61）：「ローマ文明の影響が今や（紀元後1～5世紀）ローマ人との密接な接触、交易、戦争などにより色濃くゲルマンを蔽うことになる。ゲルマン人の文化はその影響により著しい進展を見た。ルーン文字の発明もこのゲルマン文化の一大飛躍の中に

ルーン文字の起源

　数百年の間にローマ人と交易を重ねていたからという観点[134]から、Düwel（³2001）も次のように述べ、この考え方（ラテン文字がルーン文字に影響を与えたという説）を支持している。[135]

> 「ルーン文字は地中海言語のアルファベットすなわちラテン文字アルファベットを基盤にして紀元前後から紀元後1世紀にかけてバルト海西部域で創造された」
>
> („Die Runenschrift wurde auf der Grundlage eines mediterranen Alphabets, […] des lateinischen, in der Zeit um Christi Geburt bis ins 1. Jahrhundert n.Chr. hinein im westlichen Ostseeraum […] geschaffen.")

　次の表は、同じくラテン文字説を採る研究者（上段は学者名）の間に見られるいくらかの見解の相違を示している。いずれの学者もラテン文字の大文字からルーン文字が誕生したと想定しているが、左側にある各ルーン文字の元になったラテン大文字がどれであるかの解釈をめぐってなお揺れがある。また、欄中「新しい文字（new letter）」と表記されている個所は、左欄のルーン文字がラテン文字（右側3列）をモデルとせず独自に新たに作られたという見方がされていることを示している。[136]

　さらにローマのラテン文字のその元を辿れば、古代イタリアのエトルリア文字に遡ることになる。紀元前7世紀の頃、栄えていたエトルリア（紀元前3世紀にローマに制圧される）は、アルプスを越えて来襲したキンブリー族などゲルマン系の民族との接触があったと推測できる。これら北方のゲルマ

おいて理解されねばならない。北欧の墳墓にローマの貨幣、銀器、銅器、装飾品、ガラス器などのおびただしい出土を見ることになる」。

[134] 谷口（1971:125）:「1700年頃のルーネ […] は、fuþark の順序も失われ無残なほどラテン文字の攻撃にさらされ、昔日の fuþark の面影はない」とし、文字体系として「ラテン文字がすっかりルーン文字と同居した感がする」と述べている。クリスタル（1992:288）も参照のこと。

[135] Düwel（³2001）: *Runenkunde*, Metzler.

[136] 原（2005:13）等を参照。

第 3 章　ルーン文字の諸問題

	Wimmer/Pedersen	Askeberg	Moltke
ᚠ	F	F	F
ᚡ	V	V	V
ᚦ	D	D	D
ᚨ	A	A	A
ᚱ	R	R	R
<	C	C	C
ᚷ	X	X	?X
ᚹ	Q	P	?P
ᚺ	H	H	H
ᛏ	N	N	new letter
ᛁ	I	I	I
ᛜ	G	G	new letter
ᛃ	Y	Z	new letter
ᛇ	P	new letter	new letter
ᛦ	Z	Y	new letter
ᛋ,ᛌ	S	S	S
ᛏ	T	T	T
ᛒ	B	B	B
ᛖ,ᛗ	E	E	M
ᛗ	M	M	M
ᛚ	L	L	L
◇	new letter	new letter	new letter
ᛘ	new letter	new letter	new letter
ᛟ	O	O	O

（『ルーンの系譜』2005）

ン人にエトルリア人から直接、文字が伝わった可能性もあり得ることである。[137] もっとも、ラテン文字は一般的にエトルリア文字を仲介として、間接的にギリシア文字を継承したものである。[138] およそ現在、私たちが見慣れているラテン文字が確立するのはおよそ紀元前 3 世紀頃と想定されている。文字の形状について言えば、ルーン文字の ᚠ, ᚱ, ᚺ, ᛋ, < はラテン文字（大文字）の F, R, H, S, C に由来すると考えられている。[139] また、モルトケ Moltke の言うように、文字伝播の経路の問題にも無理がない。すなわち、古い銘文の数多くがデンマークに見出されるのは、当時 1 ～ 2 世紀のデンマークは貴族制で文化的に栄えており、ローマと頻繁に交易を行う下地が整っていたと見ることができるのである。

　古代ラテン文字は紀元前後 1 世紀の間に徐々に廃れていき、ラテン文字が標準化する。つまり、ライン川近辺の

---

[137] 小塩（2008:17）

[138] http://www.runsten.info/runes/german/origin.html（2016 年 9 月アクセス）

[139] http://www.runsten.info/runes/german/origin.html（2016 年 9 月アクセス）：E. Moltke もこの説を支持している。Moltke はルーン文字のフサルクの並び方は重要でないと退けている。ルーン文字は（左から右また右から左と）牛耕式という交互の方向に書かれるものであるが、この点も問題視していない（ラテン文字は一貫して左から右に書かれる）。一方、Meyer, R. M.（1896:165-174）は、Wimmer がモデルとして挙げるラテン文字からは 11 のルーン文字が説明しづらいと言明している。

ゲルマン人(例:ウビィー人)が文字の知識を北方へもたらし、北海沿岸で最古級の銘文が多く発見されることになった。ルーン文字の発祥の地を、最古級の銘文が多く出土している北海沿岸・スカンディナヴィアとみなすのは自然であるが、ローマ文化とより多く接触があったライン川の国境付近もルーン文字誕生の地であった可能性がある。[140] すなわち、国境付近のローマ化したゲルマン人が、ライン川やエルベ川を伝って北海ルートをとり、文字の知識が伝達したのである(紀元後1世紀頃)。それでも北海地域と、影響の元となったと考えられるローマ帝国の国境周辺地帯とは距離がかけ離れており、ローマ帝国との国境付近でルーン文字が発祥したとするには、史料のさらなる発見が必要である。[141]

第2節 第2項 ギリシア文字説

　上(第1項)で述べた学説(ラテン文字説)と並んで、従来、注目されてきたテーゼとしてギリシア文字説がある。[142] ノルウェーのブッゲ(Bugge, S.)によって唱えられ始めたこのギリシア文字説では、ルーン文字の起源にはゴート人(ドナウ川下流)が関わっているとされ、ギリシア語・ラテン語の両方を十分にこなすゴート人の傭兵によって紀元後3世紀頃、黒海付近で生み出されたのだという主張がなされる。[143] そしてその後、今のスカンディナ

---

[140] Looijenga (2003:2) は、北イタリア(エトルリア)文字説を支持する立場であるが、'It seems logical to look for the origins of runic script not in Scandinavia, but nearer the Roman limes.' と述べ、ルーン文字誕生の地をローマ帝国との国境沿いとみなしている。この考え方の背景には 'I chose not to focus on Scandinavia, as is more usual when studying the early runic traditions.' という方針がある。

[141] „Drei Haupttheorien gab es bisher, nämlich die Herkunft vom lateinischen oder vom griechischen Alphabet oder eine Übernahme aus dem Etruskischen. Und jede davon hat ihre überzeugten Anhänger. Für mich zeigt das schon, dass da was nicht stimmt. Denn es ist unmöglich, dass jede dieser Theorien richtig ist. Wohl aber können alle drei falsch sein." (Vennemann 2013-9-14 Samstagsgeschichte)

[142] Bugge (1905-1913)、v. Friesen (1906)、Kabell (1967) らが支持している。

[143] http://www.runsten.info/runes/german/origin.html (2016年9月アクセス) を参照のこと。

第3章　ルーン文字の諸問題

ヴィア方面に向かって広まっていったのだと想定する。文化背景として、紀元後2世紀頃、黒海の北方地方と北欧との間に文化的・商業的関係があったという考古学的な裏付けもある（スウェーデンのフリーセン Otto von Friesen（1870〜1942）など）。[144] 紀元後200年頃、この文化圏は、バルト海南岸に達し、東は東プロイセンから西はシュレスヴィッヒ Schleswig にまで及んでいたという。

　文字の外形的類似という点では確かにギリシア文字との関連も見逃せない。スウェーデンのフリーセン（v. Friesen）によれば、ギリシア文字の斜字体（Kursivschrift）がモデルとなっているという。彼の説では、ゲルマン語の音を写すのに主にギリシア文字斜字体が用いられ、補足的にラテン文字が借用されたとされる。[145]

　このギリシア文字説は19世紀には注目を集めていた考え方であった。ただし、ルーン銘文最古の「Vimoseの櫛」が2世紀のものであるとされる以上、ルーン文字がギリシア文字に由来するとみなすのは時間軸に照らして考え難いと言わざるを得ない。ゴート人がギリシア人と接触をもち始めるのはようやく3世紀になってからのことであり、ゴート人が4世紀にキリスト教に改宗する以前にギリシア文化の影響を受けたことを証明するものがない。238年以前にゴート人が黒海沿岸にいたという証拠も見出されていない。このように、たとえルーン文字が黒海北方地方のゴート人の間で使用され始め、その使用が200年代に黒海沿岸から北欧へと及んだのであろうと考えたとしても、[146] 最古級の銘文が発見されている場所である北海地域と黒海地方との間には大きな距離があるのもまた事実である。

---

[144] ギリシア言語文化圏で、非常に古いルーン文字彫刻物が発見されている。
[145] 当時、ローマ帝国の公用語はギリシア語・ラテン語であった。
[146] ハルベリ・岡崎（1990:15）『北欧の文学（古代・中世編）』鷹書房

ルーン文字の起源

Phoenician (the Mesa alphabet and its variants c. 850 B.C.)			Greek (the Samos alphabet c. 660 B.C.)			Etruscan (Marsiliana c.800 B.C. and later variants)			Old-Latin		Latin Classical Latin	
Name		Sound value	Name		Sound value	Name		Sound value				
alf	＋ A	guttural	alpha	A	a	a	A △ A A	a	△ A A		A	
bet	૭ ૧	b	beta	ଥ	b	be	8	(b)	B		B	
geml, gaml	1	g	gamma	1	g	ke, ka	1 >)	k(g)	)		C	
delt	△ ∩	d	delta	◁ △	d	de	◁	(d)	◁		D	
he	ⅎ	h	epsilon	∃	(short) e	e	∃ ∃ ∃ ∃	e	∃ ǁ		E	
uau	Y ૧	w	uau	ᖋ	w	ve	ᖋ ᖋ	v	ᖋ		F	
zajin	I	z	zeta	I	z	I ≠ レ 木		z	-		Z	
chet	H 目	kh	eta	目	(long) e	田 H ᗯ H		e	日		H	
thet	⊗	th	theta	⊗	th	⊗ ⊕ ⊖ ⊙		th	-		-	
jod	૨	j	iota	I	i	i	↑ I	i	I		I	
kaf	⋎ ⋎	k	kappa	⋏	k	ka	⋏ ↓ ⅄	k	⋏		K	
lambd	ᒪ	l	lambda	1 レ	l	el	⅃ ⋎	l	⅃		L	
mem	⋎	m	my	M	m	me	ᛘ ᛘ M M	m	ᛘ		M	
nun	૧ ᛘ	n	ny	ᛘ	n	ne	⋎ ᛘ N	n	⋎		N	
semk, samekh	≢ 田	s(ks)	(ksi)	⊞	ks	(s)	田	ks	-		-	
hayin	○	guttural	omikron	○	(short) o	o	○ ▢ ○ 8	(o)	○		O	
pe	⊃ ⊓	p	pi	⊓	p	pe	⊓ ⊓ ⊓ ⊓	p	⊓		P	
sade	⋎ M	s(ts)	-			ᛖ Ƴ ᛖ ⋈		s	-		-	
qof	ᛈ ᛈ ᛈ	q	koppa	Φ	q		ᛈ	q	ᛈ ᛈ		Q	
rosh, resh	ᛈ	r	ro	ᛈ	r	re	ᛈ ○ ᛈ	r	ᛈ		R	
shin	⋎ ⋎	s(sj)	sigma	Ƨ	s	se	4 3 ⋛ 2 Ƨ	s	Ƨ ᛈ		S	
tau	✕	t	tau	T	t	te	T ✕ + T	t	⊦ T		T	
			ypsilon	Y	y		Y Y V	u, y	V		V	
			phi	Φ	f		Φ Φ	ph	-		-	
			khi (West Greek X=ks)	+	kh		✕	s	-		✕	
			psi (West Greek kh)	Y	ps kh		Y V	kh	-		-	
			omega	Ω	(long) o		-					
							8	f			G	
							⊗	s			Y	

(『ルーンの系譜』2005)

第3章　ルーン文字の諸問題

第2節 第3項　北イタリア文字説

　前記の2説（ラテン文字説・ギリシア文字説）以外の第3の説として、北イタリア（エトルリア）文字説がある。ノルウェーのマーストランダー（Marstrander, J. S., 1883〜1965）をはじめ、フィンランドの ハマーストレーム（Hammarström, M.）やドイツのファイスト（Feist. S.）[147]は、北イタリアで発見された古エトルリア語の記録に注目し、この文字とルーン文字との関連性を主張する趣旨の見解を発表した。[148] 1世紀のはじめ、北イタリア・アルプス地方には、いくつかのアルファベットが実在しており（いずれもエトルリア文字の変種）、見た目がルーン文字によく似ている。確かに Wikipedia など一般的な情報源にもこの説が紹介されている。[149]

　北イタリア文字とは、古代レティア（Rätien）のアルプス地方およびポー川平野の頭部で、紀元前5世紀から紀元後1世紀まで使用されていた文字のことである。トスカナ地方のエトルリア文字に近いので、北エトルリア文字

---

[147] ケルト文字・ラテン文字に影響を受けたヴェネト文字（エトルリア文字の1変種）に特に注目している。

[148] Krause (1970) は北イタリア（エトルリア）文字説を採る学者の系譜について述べている：Krause (1970:36)：„Nachdem bereits K.Weinhold in seinem klassischen Buch „Altnordisches Leben" (1856) an die Herkunft der Runen aus einem etruskischen Alphabet, wenn auch ohne jede nähere Begründung, gadacht hatte, versuchte der norwegische Sprachwissenschaftler und Keltologe Carl J. Marstrander (1928) den Nachweis zu führen, daß die Runen von einem nordetruskischen Alphabet abstammten, das seinerseits aus einem altgriechischen Alphabet entwickelt war. Die verschiedenen Gruppen dieser nordetruskischen Alphabete finden sich in Inschriften aus dem südwestlichen, südlichen und östlichen Alpenvorland aus der Zeit etwa vom 5. Jh. v. Chr. bis in den Anfang des 1. Jh.s n. Chr. Völker verschiedener Sprachen bedienten sich dieses Alphabetes: Kelten, Etrusker und Germanen."

[149] 「1世紀頃に、ギリシャ文字やラテン文字、北イタリア文字などを参考に、ゲルマン語の発音体系に合うよう改変して成立したものと推測されている。ルーン文字の起源説としては、学者の間では北イタリア説が最も有力である」。また、ローイェンガ Looijenga (2003:81) は、ローマ帝国との国境であるライン河沿いでローマ帝国の文明とゲルマン人が接触し、ゲルマン人が北イタリアのアルファベットをゲルマン語に適したふうに発展させたとしている（原 2005:38）。

と呼ばれることもある。いずれにしても、北イタリア文字はエトルリア文字から由来したとされている。[150]

	Rätische Alphabete			Lepontisch	Venetisch	Etruskisches Vorbild
	Bozen	Magrè	Sondrio			
a	∧∧∧∧A	△▽△	∧ᛈᛉ	...	⊳⊲A	⊳A
e	⊒⊒⊒	⊒⊒⊒	⊒⊒	⊒	⊒	⊒⊒
v	⊣ᚠᚠᚠ	ᚠᚠ			ᚠ	ᚠᚠ
z		⸸ ?	⸸⸸⸸	⸸	ⵝⵝ	⸸Ⲓ
h	ⴱ	ⴱ			∣∣⴮	ⴱⴱ
th	ⵀ	ⵀⵀ	∴ ?		⊙⊠	⊙⊗
i	∣	∣	∣	∣	∣	∣
k	⋋ ⋋	⋋⋋⋋	⋋	⋋⋋⋋	⋋	⊂∣⊂⋋
l	⌄	⌃	⋀	⌄	⌃	⌄
m	⋀	⋀⋀	W ?	⋀ᛖᛖ	⋀	⋀⋀
n	ⵐ	ⵐ⋁	⋁ ?	ⵐⵐⵐ	ⵐ	ⵐⵐ
o			O ?	OՈՈ◇९	◇	
p	⌐⌐⊢		⌐	⌐	⌐	⌐⌐
ṡ (san)	⋈	⋈⋈	⋈	⋈⋈⋈	⋈	⋈⋈
r	⊲⊳	⊲⊳⊲⊳	⊲⊳	⊲⊳	⊲	⊳
s	⌇⌇⌇	⌇⌇	⌇	⌇⌇⌇	⌇⌇	⌇⌇⌇
t	✕✚✚	✕✚✚	✕	✕	✕✚	✚∣✚∣
u	∨	∧∨	∧∨ ?	∨∨∨∨	∧	∨∨∨
ph	Ⲫ ⸞ Ⲫ?	⊕⊕Ⲫ		⊕ ?	⊕⊕ᛒ?	Ⲫ
kh	Ψ Ψ	Ψ		Ψ	Ψ g ?	Ψ Ψ
ĭ, e				∥ ?	∥	
ʒ		ᛝᛝ				

（『ルーン文字研究序説』1971）

---

[150] 音韻上顕著な点は b, d, g に当たる文字をもたないことである。

第 3 章　ルーン文字の諸問題

　表の左側からレティア文字のボーツェン（Bozen）・マグレ（Magrè）・ソンドリオ（Sondrio）のアルファベットが示され、次にレポント文字・ヴェネト文字が続き、表の右端に、これら諸文字のモデルとなったとされるエトルリア文字が表記されている。

　ルーン文字の多くは確かに北イタリア文字と形状においてかなり類似している。この説（北イタリア文字説）に従えば、ルーン文字は、レティア人 Räter, イリュリア人 Illyrer, ヴェネト人 Veneter 等のアルプス地方の諸民族から伝播したものとされるのである。地理的に見ると、

1．レティア文字（ケルト語・エトルリア語・レティア語を写す）
　　1）ボーツェン（Bozen）・マグレ（Magrè）・ソンドリオ（Sondrio）のアルファベット
　　2）レポント文字（ルガノ Lugano の文字）
2．ヴェネト文字[151]
　　印欧語のヴェネト語を写すのに用いられた。

のとおりで、これら全体で 500 弱の銘文（大部分は短い献辞）を残している（紀元前 400 年〜紀元後 200 年）。確かにルーン文字と同様、彫るのに適した角ばった形で鋭角的である。ゲルマン語を記すのに北イタリア文字が出現したケース（短い献辞）としてネガウの兜 Helm von Negau（ネガウ：現スロヴェニアの地名）が挙げられる（1811 年発掘）。[152]

---

[151] ラテン文字と混交しながらかなり長い間、生き延びた文字である。
[152] ウンターシュタイアーマルク Unterschteiermark, 今日のスロヴェニアの Negau で発見された。

この兜に文字が彫られたのは西暦紀元の始まりの頃（もしくはそれ以前）と推定され、[153] その語句とは（右から左へ書かれ）、

ᚺᚨᚱᛁᚷᚨᛋᛏᛁᛏᛖᛁᚹᚨ

HARIGASTITEIWA

と表記されている。この文は、

「ハリガスト（Harigast）[154] が神（teiwa）に[155]」

を意味すると一般的に解釈されている。[156]

　北イタリア文字は確かに紀元前2世紀頃からラテン文字の強い影響を受けるのだが、キリスト教の時代以前にゲルマン人の一派のマルコマネン人（Markomannen, ボヘミア）によって北方へもたらされ、ルーン文字が誕生する下地ができあがっていたと考えることもできよう。北イタリア文字がラテン文字から D, R, C, B, F, T, E を借用したとして、ゲルマン語への伝播を紀元前1世紀頃と考えれば、全般的に筋の通った自然な説明となる。ゲルマン側の仲介者などの点（どの種族が仲介者・伝播者なのかに関する裏付けの記録はない）を除き、[157] 現在も多くの研究者に発展継承されている考え方である。併せて、文字の系統を判断する条件として、視覚的に類似性が認めら

---

[153] Krüger (1978)：「この文字はゴート語と異なっているため、狭い意味での共通ゲルマン語とは見なされない」が、「すべての北ゲルマン語および西ゲルマン語の方言が自然のまま残った祖語形（natürliche Ursprache）であるとみなすことができる」（Penzl 1989:87 & 93）。
[154] 「軍勢の客」ともとれる。Wotan「ヴォータン」のことと考える見解もある（シュミット 2004:89）。
[155] teiwa はゲルマンの軍神 teiwaz「テュール神」の与格。
[156] 「ハリガスト」というのは人名であると推定されている。
[157] 別のゲルマン種族キムベルン人 Kimbern（ユトランド出身）を挙げる Arntz (^{2}1944) など種々の見解がある。

第3章　ルーン文字の諸問題

れること以外に、文化史上の流れが確認できることが重要である。[158] 北イタリアの文字に見られる諸特徴とルーン文字の書記上の特性に次のような共通性が見出されるのである。[159]

1）書く方向が ① 左から右へ ② 右から左へ ③ 牛耕式の3種類である。
2）いくつかの点あるいは垂直線を引く句読法を用いる。
3）「〜が−を作れり」タイプの銘文が多い。
4）二重子音が単子音で書かれる正書法である。
5）エトルリア語・ヴェネト語にアルファベット一連（すべての文字を一列に並べた文字列のこと）の銘文がある。

現在のスイス・イタリアの山岳地帯に広がる「レト・ロマンス語」語圏あたり、つまりグラウビュンデン州近辺の先住民について決定的なことは確かにあまりわかってはいない。レト・ロマンス語は、少数言語でありながらも根強い文化基盤を有しており、およそ2000年もの間、独自の歴史を誇っている。現在、レト・ロマンス語のうち、スイス連邦内の言語はロマンシュ語と称され、[160] スイスの国語・公用語であり、スイスの文化に少なからず貢献している。アルプス山中のロマンシュ語圏の文化は、その渓谷と山が多い地

---

[158]『言語学大辞典』別巻「世界文字辞典」S.1137
[159] 谷口（1971:27-30）
[160]「レト・ロマンス語」の一部を形成する「ロマンシュ語」（スイス連邦の新憲法（2000年）の第4条でも「ドイツ語・フランス語・イタリア語・ロマンシュ語を国語と規定する」と定められている）とは、スイスで話されているレト・ロマンス系諸方言（Idiome、通常「方言」と呼ばれるものはロマンシュ語ではこのように idiom と称される）の総称である。行政区でいうとグラウビュンデン（Graubünden = GR）州に限られ、州内の5つの渓谷ごとに5つの言語態が並存している。GR州では、一つのコミュニティーに1つの言語という領域性原理は機能していない。つまり、この地方は＜ドイツ語圏＞：ドイツ語のみ、＜ロマンシュ語圏＞：ロマンシュ語・ドイツ語、＜イタリア語圏＞：イタリア語・ドイツ語・ロマンシュ語といった使用状況である。スイス連邦全体では今日、ドイツ語（490万人）・フランス語（150万人）・イタリア語（50万人）およびロマンシュ語（3万8千人）の4つが「国語」となっている。連邦憲法（第116条）でスイス連邦の「公用語」はドイツ語・フランス語・イタリア語であるとされていたが、1996年の国民投票でロマンシュ語も公用語の地位が認定された（賛成率76％）。

理的条件、独特な歴史がその言語に強く影響を与えていることで知られている[161]（スイス連邦外のイタリア・アルプスに、レト・ロマンス語系のラディン語・フリウリ語が分布している）。[162]

さて、レト・ロマンス語と言う際の「レト」は、ケルト系のレト族が住む土地「レティア」という名に由来するとはよく言われるところである。しかしながら、その詳細はそれほど明らかではない。現在のスイス・グラウビュンデン州に当たる地域周辺に、紀元前、つまりローマ時代以前、どのような民族が生活していたかは今でも謎である。ロマンシュ語に残っている、ラテ

---

[161] 1970 年代以降、いわば人工的に統一的な正書法を作り、共通の文語を作り上げようとする動きがある。グラウビュンデン（GR）州で公用語とされ、学校教育の現場へ導入されようとしているロマンシュ・グリシュン（Rumantsch Grischun）である。ただ、ロマンシュ語の各方言話者は「グリシュン・ロマンシュ語」を受け入れようとはしていないというのが現状である。すなわち、現実的に差し迫った課題として、日常的な言語使用の場面（例えば、学校・メディア等）で、どの言語・方言を用いるか、おのおのの話者個人レベルで決めなければならないという問題がある。実際には、ロマンシュ語の各方言（Idiome）の話者が 5 つの方言域の独自性に拘らず、大同団結して進まなければロマンシュ語の行く末は望めないかもしれない（世界の他の地域の少数言語の生き残りを賭けた闘いに鑑み、社会言語学的に見ると、この帰結は自然なものであると言わざるを得ない。言ってみればエスペラント語（ラテン語あるいは東欧の諸言語を軸に人工的に作られた言語）のような余裕はないのである）。

[162] イタリアとスイスのレト・ロマンス諸言語の共通性の問題はいまだ議論の的となっている。レト・ロマンス諸言語の総称は「レティア語」と言われている謎の基礎言語に由来するのだが、1990 年代にレティア民族の同質性を疑う見方も提出され、そのような基礎言語の存在も問い直すべきであると考えられる。政治的にも、イタリアとスイスにおけるレト・ロマンス諸言語は本来、別々であったため、まったく違う風に発達してきた。最も話者数が多いレト・ロマンス言語は、北イタリアのフリウリ・ヴェネツィア・ジュリア自治州（Friuli Venezia Giulia）にて 60 万人以上が話すフリウリ語（Furlan）である。さらには、南チロル州におけるドロミテ語があるが、いずれも明らかにイタリア語とは異なり、話者のアイデンティティーにとって重要という社会的地位はあるものの、行政的には全く使われず、また学校教育でも微かにしか用いられていない。イタリアのレト・ロマンス諸言語は 1999 年の 482 号法律により、守るべき少数言語として国家によって認識されるようになったのだが、それでもいまだに弱い立場にある。ドロミテ語は、政治的に分裂しており（また自分たちの政治的代表がいないため）特に立場が弱い。それでも、ポスト・コロニアルのヨーロッパは少数民族や言語の理解が深まっており、北イタリアのレト・ロマンス語圏の人たちも積極的に自らの文化を育てようとしている。

ン語にも由来せずゲルマン語にも由来しない語が少なからずあり、ローマ時代以前の言語文化を復元する作業は困難を伴う。例えば、次のような記述もある。

> 「レティア人はエトルリア人の子孫であり、ガリア人によって追い立てられた際、その大将レトゥスの下でアルプス山脈の奥へ逃げ込んだと思われている。［…］レティア民族の中ではヴェンノネースィ族とサルネーティ族がライン川の泉の辺りにおける［…］。」

古代ローマの自然科学者の1人として有名なガイウス・プリーニウス・セクンデュスの文献に、このような「山の民族」レティア人について書かれている。実際、レティア人についてさまざまなな説がある。これまで長い間、単一の民族で、ケルト人あるいはセム系民族であったのであろうという仮説があった。古代にアルプス山脈で生活していたと思われるこの民族は、東アルプスの諸民族の先祖と想定されていた。[163] ただ、最新の研究によると、「レティア人」は、単一の民族ではなく、文化的にも政治的にも関連性が極めて低い諸民族の総称であったのではないかと言われている（Wanner 2012:79）。したがって、スイス・北イタリアのレト・ロマンス語の由来を巡る議論も未だ片が付いているわけではないのである。いずれにせよ、レト・ロマンス語の背景に非ラテン語的な要素があることは確かである。考古学的にも、北の地域やスルセルヴァ谷においてケルト文化の遺跡が、南に向かう谷においてゴラセッカ文化（Golasecca）の遺跡が、そしてエンガディン地方においてレティア文化の遺跡がいくつかが見つかっている（Deplazes 1987:3-10）。このように、レティア人の言語に関しては今日に至ってもあまりにデータが乏しく、どの語族に属するのかさえ判断がついていない。印欧語族ではなくセム語族に属するとみなす説もあるくらいである（Deplazes 1987:13）。レティア人の真相はこのように今なお明らかにされていない。

また併せて、エトルリア語についても、その詳細はほとんどわかっていな

---

[163] このテーマについては Wanner（2012）を参照のこと。

いのが現状である。[164] ただ、エトルリア語もしくはエトルリア人[165] の起源は不明であるとしても、今日、知られているエトルリア文明はイタリアの土壌で発達したことは疑いない。つまり、中部イタリアのある集団が有史以前の青銅器時代末から鉄器時代を経て歴史時代に、自らの固有の文化・社会・経済をもったエトルリア人として知られる民族へと変容したのである。[166] エトルリア語の言語文化に関し、確実に言えるのは次の諸点である。

① エトルリア語の文字はアルファベット大体系中の1変種にすぎないが、今日、世界で広く使われているラテン文字の形成に一役買った文字である。
② エトルリア語は今のところ既知の特定の語族と結びつかず、その結果として、この言語で書かれた銘文が十分には解読されていない。
③ エトルリアの文献で今日まで伝わるものは一つもなく、手に入る古代の資料はギリシア・ローマの文人の著作のみである。

海洋民族エトルリア人は紀元前7・8世紀にギリシア人・フェニキア人の貿易商と覇を競っていた。ギリシア人・ローマ人は、エトルリア人を海賊（交易を行いつつ機会があれば競合者の船や居住地を襲う海洋の民）として記している。実際、エトルリア人は、ギリシア人と、西方の人びと（ギリシア人から見ればバルバロイ）との間の中心的な仲介者としての役割を果たしつつ、都市の文化（＝書字術を含む文明）をイタリアをはじめとするヨーロッパの多くの地域の民にもたらしたのである。[167] また、エトルリア人は、北アフリ

---

[164] 矢島（1999:88-89）：「今日知られているエトルリア語の刻文は、数万にも達する。一八九一年にユーゴスラヴィアのアグラムで、エジプト製ミイラに巻いた布から見いだされた『アグラム遺文』として知られているものは、一二〇〇語もの単語を含んでおり、ほかにもかなり長文のテキストが見つかっている。ところが、それにもかかわらず、いまもって完全な解読に達していないのだ」。
[165] ギリシア人からはテュレニア人 Tyrrhenoi と呼ばれていた。
[166] エトルリアの都市はその一つ一つが固有の性格・様式・独自性をもっており、エトルリア帝国などというものは一度も存在していない。
[167] ギリシア人は、エトルリア人の支配下にあったイタリアの豊かな鉱物資源（鉄・銅）に惹かれて西方の植民地化を開始した。

第 3 章　ルーン文字の諸問題

カのカルタゴの街に住むフェニキア人との交易が盛んで政治的・経済的な結び付きがあった。ゆえに、エトルリアの文化（芸術・宗教など）に及ぼしたフェニキアの影響は大きなものであった。

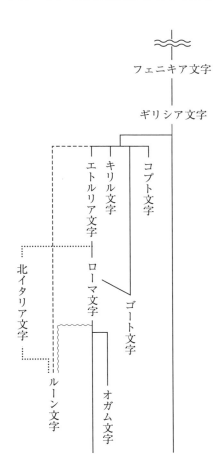

ここまでこの章で、従来、唱えられてきた主なる3つの学説（ラテン文字説・ギリシア文字説・北イタリア文字説）について、要点を絞って取り上げた。さて、これらの学説の関係を俯瞰的に示す図表として左図が挙げられる。[168]

この図表にある上記の3説（ラテン文字説・ギリシア文字説・北イタリア文字説）のうち、そのいずれもが定説には至っていないという点に着目することが重要である。Anderson (2005:1) が述べているように、これまで唱えられてきた3つの主な学説のいずれか、もしくは、それらの組み合わせでもってしても、ルーン文字体系全般を解明するような一貫性のある説得的な説明ができない。

---

[168] http://www.runsten.info/runes/german/origin.html （2016年9月アクセス）

「ルーン文字が地中海の文字体系（ラテン文字・ギリシア文字・エトルリア文字もしくはそれらの組み合わせ）に拠っていることは確かだが、ルーン文字がどの文字に由来しているのか確たる意見の一致はない」

It is clear that the runic characters were inspired in part by Mediterranean writing systems‐Roman, Greek, North Italic, or possibly some combination of these‐but there has been no firm consensus on this point. (Anderson 2005:1)

　どれかいずれかの説が正しいというのではなく、どのテーゼにも不十分な点が残るということである。一般的にルーン文字の起源について論じる際、たいていの場合、ルーン文字が直接的にどの文字体系に由来しているかが問題になることが多い。この問題提起は確かに学術的な関心を大いに掻き立てる。しかしながら、ルーン文字の形状・名前・配列順序・書記ルールなど文字体系全体に関して検討していくならば、ギリシア文字・北イタリア文字・ラテン文字の原型であるフェニキア文字をも含めて考察の対象にする必要性も浮かび上がってくる。この点を次章で示し建設的な議論を展開したい。

第4章　ルーン文字の起源

　ルーン文字による言語資料が断片的であれ残っているおかげで、ゲルマン語の古い姿から中世の北欧語までを、データの裏付けに基づいた実在性のあるものとして捉えることができる。本章ではさらに個別のテーマについて詳細にかつ具体的に検討を進めていきたい。

　古フサルクの銘文はスカンディナヴィアとりわけデンマーク周辺に集まっている。これは、この北ヨーロッパ圏で、他の地域と比べかなり早い時期にルーン文字というアルファベットによる文字表記が独自の文字体系の発展形として定着していることを意味している。前章で概観したとおり、ルーン文字が直接どの文字体系をモデルにしたのかを問う問題提起を行っている先行研究を類別化してまとめれば、① ラテン文字説、② ギリシア文字説、③ 北イタリア文字説 となる。従来、常にこれら3つの学説が取り沙汰されてきたが、いずれにしても、長い先行研究史の中でこれまで統一的で決定的な見解が打ち出されることはなかった。本章では、かつて部分的には提出されることのあった ④ フェニキア文字説 を再度とりあげ、合計4つの学説の強み・弱みを総合的に吟味・検討する。

　ドイツの印欧語学者 H. Eichner（2006:101）が「近年、ルーン文字の起源を巡る議論が再び活気付いてきている」(In letzter Zeit hat sich die Diskussion über den Ursprung der germanischen Runenschrift wieder deutlich belebt.) と述べているように、ルーン文字の由来に関する話し合いの場が学会・シンポジウム等で盛んにもたれている。その中でも、2003年 Eichstatt（ドイツ）で行われた専門者会議で提唱された次の10項目はルーン学研究の現状を示すものとして意義深いと言えよう。[169]

1. ルーン銘文は発達の諸段階で当該の言語の特性を投影しているのか。
   Hat die Runenschrift in ihren verschiedenen Entwicklungen Abbildfunk-

---

[169] Bammesberger, Alfred & Waxenberger, Gaby (2006) の前書き（Vorwort, VII-VIIIページ）にまとめられている。

tion auf die ihr zugrundeliegende Sprache? *(Does the runic script in its various stages of development mirror the language in question in a congruent manner?)*

2. 古フサルクは従来、言われているほど均質なものかどうか。
Ist das ältere *Fuþark* so homogen wie behauptet wurde? *(The older fuþark has been claimed to be homogeneous: is this statement correct?)*

3. フサルクの文字の配列順序（部分的なものも含めて）に何らかの意義を見出すことはできるであろうか。
Welchen Sinn hat es, ein Runenalphabet als Inschrift oder Teile daraus anzubringen? *(For which reasons would somebody inscribe a fuþark row or parts of it on an object?)*

4. いろいろな地域でのフサルクのさまざまな発達はどのように説明できるか。
Wie sind die Entwicklungen in den einzelnen Regionen zu erklären? *(How can different developments in different areas be explained?)*

5. 個別言語間でのフサルクの発達に関連性はあるのか。
Gibt es Zusammenhänge zwischen den Entwicklungen in den Einzelsprachen? *(Are there any connections between the developments of the individual languages?)*

6. 個々の言語の変化は文字表記の変化なのか書記機能の変化なのか。
Sind die Änderugen in den Einzelsprachen nur Veränderungen der Schrift oder auch des Schriftgebrauchs (Funktion)? *(Are the changes in the individual languages only changes in the script or do they also bring about changes in the functions of the script?)*

7. ラテン語のテキストがなぜルーン文字で記されたか。
Warum wurden lateinische Texte runisch aufgezeichnet? *(Why were Latin text written down in runes?)*

第4章　ルーン文字の起源

8．キリスト教はルーン文字の使用状況にどのような影響を及ぼしたか。
In welcher Weise verändert das Christentum die Gebrauchssituation der Runenschrift? *(In which way does christianity have an effect on the use and function of the runic script?)*

9．文字の発達と言語の変化は並行的なものか。
Verlaufen Schrift- und Sprachentwicklung parallel? *(Are there auy parallels between the development of the runic script and the language it reflects?)*

10．フサルク銘文はいつの時代にどの地域でどの程度アルファベットの特質を示しているのか。
Wann, wo und in welchem Umfang sind Fuþark-Inschriften in alphabetischer Ordnung bezeugt? *(When, where and to what extent are there fuþark inscriptions in alphabetical order?)*

第1節　ルーン文字の配列をめぐって

„Die Reihenfolge der Runen im älteren Fuþark gilt als eins der ungelösten Probleme, die sich mit diesem Schreibsystem verbinden." (Vennemann 2009:832)

　実際のところ、ルーン文字は一体どこから来たのであろうか。ルーン文字はどの文字体系と類縁性をもつのであろうか。ルーン文字の由来に関するこの問題点は、実は今日でもはっきりわかっているわけではない。

　従来の先行研究全体を捉えてみても、先述のとおり、日本のゲルマニスト岡崎（1999:6）も述べているように「ルーン文字創造の場所、母体、時代などを問うての、ルーン文字の起源の問題は、相変わらず未解決と言わざるを得ない」というのが現状であり、特に文字の配列に関して「配列の順序がギリシア語やラテン語のそれと異なる説明を幾度か試みられたが、いずれも説得力に欠けるものばかりであった」（岡崎 1999:7）と見られている。[170] ルーン文字の配列はギリシア語やラテン語のアルファベットの文字配列（つまりABC順）とは合致しない。[171]

　確かに、ギリシア語アルファベットやラテン語アルファベットから発達し

---

[170] Heinz, U.J. (1987) *Die Runen* (Hermann Bauer Verlag) より；Heinz (1987:19)：„einige Forscher allerdings behaupten, sie（ルーン文字）sei abgeleitet und nicht eigenständig gewachsen oder von einem Angehörigen der nördlichen Völker >erfunden<. Diese Ansicht ist allerdings [...] falsch. Richtig ist, daß mit Runen selten Texte geschrieben wurden." あるいはHeinz (1987:42)：„Der mythische Hintergrund der germanischen Götterlehre ist allgemein wenig bekannt. Hier werden oft klischeehafte Vorstellungen aus dem dichterischen oder musikalischen Bereich für die religiöse Wirklichkeit selbst genommen. Diese Wirklichkeit läßt sich für einen gemeingermanischen oder nordischen Raum nicht mit Sicherheit festlegen. Unsere Zeugnisse stammen fast alle aus der Zeit, als die Völkerwanderung fast abgeschlossen war, die Christianisierung schon begonnen hatte und sich die einzelnen Stämme oder Völker wesentlich auch räumlich voneinander entfernt hatten."

[171] コムリー（1998:190-191）：「最も初期のルーン文字の記号体系は24文字で構成され、f-u-þ-a-r-k と呼ばれるアルファベット順に並べられており、その文字記号の特徴は垂直な線と斜めの線である」。なお、Düwel (⁴2008:7)：„Die im großen und ganzen festliegende Reihenfolge der Zeichen entspricht nicht der aus dem Grieschischen und Lateinischen bekannten Alphabetfolge." も参照のこと。

第4章　ルーン文字の起源

た書記体系はまずほとんど文字の配列を保持している。これに対し、ルーン文字はギリシア語・ラテン語アルファベットの文字配列を示してはおらず、ゆえに、この点をもって、ルーン文字が例えばラテン文字あるいはその文化に直接的には由来するものではないと論じる際の根拠として取り上げられる姿勢が少なからず見られる。こうした見解はごく近年でも見受けられる（Seim 2007）。

「他のアルファベットとは異なる文字配列に関し何の説明もなされていない」
Für die Reihenfolge, die von allen anderen Alphabeten abweicht, gibt es keine Erklärung. (Seim 2007:158-159)

フェニキア文字までをも考慮に入れながら、Krause (1970) は、

「セム系もしくは南欧系のアルファベットと異なり従来、説明のつけられていない文字の配列は出だしの6文字に因んでフサルクと呼ばれている」
Die von den semitischen und den südeuropäischen Alphabeten völlig abweichende und bisher unerklärte Reihenfolge wird nach den ersten sechs Buchstaben „futhark" genannt. (Krause 1970:14)

と述べている。あるいは、北イタリア文字説を採るローイェンガ Looijenga (1997) は、

「フサルクは ABC の配列とは何の関係もなく、別個に、すなわち文字を受け入れた後、時間を経てから発達したものである」
The Futhark sequence has nothing to do with the ABC and will therefore have been developed separately, i.e. at a later stage than the adoption cf the characters. (Looijenga1997:55)

いずれにしても古フサルクは、民族大移動期からメロヴィング期にかけてゲルマン語圏全域で用いられているが、そのルーン文字が根本的に同じ順序

― 79 ―

で並んでいる。[172] 具体的には

5世紀初期：ゴットランド島の Kylverstein 銘文
6世紀中頃：スウェーデン中部の Vadstena・Grumpan・Motala のブラクテアート（Brakteat: 片面に刻印された硬貨）
6世紀後半：北ユトランド（デンマーク）の Lindkær・Over-Hornbæk のブラクテアート
6世紀前半：旧ユーゴスラビア Breza の石柱
6世紀後半：ブルゴーニュ（フランス）の Charnay の留め金
6世紀前半：ブダペスト（ハンガリー）付近の Aquincum の留め金

などの銘文に、ルーン文字が同じ文字配列の順序（f-u-þ-a-r-k）で記されている。

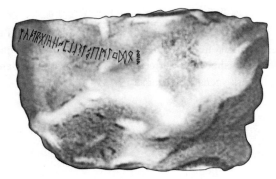

キュルファーシュタイン Kylverstein のルーン銘文

これは、単なる文字の練習のための手本などといったものとは考えにくい。上のいくつかの銘文が北はスウェーデン中部から西はフランス、南は旧ユーゴスラビアと広大な地域にわたり、同一の文字配列の順序を示すこと、[173] また字形の一貫性からして、あるいは2世紀以前から順序も同一であったので

---

[172] 谷口（1971）：「（…）ルーン文字が根本的には同じ順序で並んでいる」。
[173] e と p の間の順序に揺れがある。

第 4 章　ルーン文字の起源

はないかと推測することができる。[174] ゲルマン語圏がなお全体として、かなり一体化していた状況を示している時代と言えよう。[175] 確実なことは、『ゴート語訳聖書』（4 世紀）が生まれた段階で、ルーン文字はアルファベットとしてすでに体系だっていたということである。先述のとおり、27 文字からなるゴート文字は、ギリシア語（20 文字）・ラテン文字（5 文字）・ルーン文字（2 文字、 G・ᚾ ）を素材に生み出されたアルファベットであり、4 世紀頃にはルーン文字が文字体系として機能していたと想定される。

　さて、下に挙げる引用は Wimmer（1887:142）のテキストである。

　　「ルーン文字を彫る者（Runenmeister）がなぜラテン語のではなくルーン文字特有の文字配列を採ったのか個々の点にわたる詳細なことはわかっていない」

　　Welche gründe den alten runenmeister bewogen haben, die lateinische buchstabenfolge aufzugeben und gerade die zu wählen, welche wir in dem ältesten runenalphabete finden [...] können wir jetzt natürlich nicht bis ins einzelne entscheiden. (Morris 1988:20)

　Morris（1988）が引いているこの箇所は、実は Wimmer（1887）の言明である。つまり、こうした見解が長い先行研究の中で 100 年近くたっても何も変わっていないことを示している。

　ルーン文字の独特な配列に関しては、これを説明せんと夥しい数の仮説が提示されてきた。かつて Kluge（1919）[176] が唱えた「主の祈り」説（fader unser þu an radorum）は、理由付けとして無理があるように感じられる。[177] あるいは、文字の名前（意味）から文字の順序を説明しようという試みがあっ

---

[174] 谷口（1971:57）
[175] Looijenga（1997:55）:「ルーン文字体系成立の当初からこの文字配列が成り立っていたのかどうかは明らかでない」。
[176] „Die Reihenfolge der Runen aus den Anfangsbuchstaben eines germanischen Vaterunsers" 「ルーン文字の配列は『主の祈り』の出だしの各語の頭音に基づいている」(*Germania*, Ⅲ (1919). S.43f.)
[177] Kylverstein のルーン銘文（5 世紀）にキリスト教の影響をもち出すことはできない。

— 81 —

た。すなわち、ルーン文字の名前は fehu「家畜」・ūr「野獣」または þuris「巨人」・ōs「神」といった対をなしている点に注目している。しかしながら、このやり方では一貫した説明はしづらく説得性に欠ける。さらに、他の文字体系からの影響を指摘する立場ももちろんあった（Arntz 1938 など）。アルンツ Arntz（1938, 1944）によると、北イタリアのヴェネト文字の順序をいくつか入れ替えるとルーン文字の配列に一致すると言うが、p・r・s・t 以外に本来、対応しているところはなく、その入れ替えは恣意的と言わざるを得ない。このように、ルーン文字の文字配列の順序に関して、これまで何ら合理的で一貫性のある説明が行われていないのである。

第2節　フェニキア文字説

　前節で、ルーン文字の文字配列について概観した。この文字配列の問題に関しては、これまでの3学説（ラテン文字説・ギリシア文字説・北イタリア文字説）をもってしても解決の糸口が見えそうにない。従来の3学説と並んで、ルーン文字の誕生の背景に、フェニキア文字を想定する立場は、ラテン文字説・ギリシア文字説・北イタリア文字説とほぼ同時期に提唱され、今日まで断片的には継続されているが、ほとんど注目されてこなかった。例えばイェンセン Jensen, Hans（1925）*Geschichte der Schrift*（Hannover : Orient-Buchhandlung Heinz Lafaire）で、フェニキア文字説が紹介されている（180-181頁）。次のようなものである。

> 「ルーン文字はフェニキアの商人に伝えられたセム系のアルファベットに由来するという仮説はヴィーマ等の諸研究以来もはや議論の対象となることはない」
>
> Die Hypothese von einer direkten Herkunft aus dem durch phönikische Kaufleute übermittelten semitischen Alphabet, […], ist seit den Untersuchungen von Wimmer und […] nicht mehr diskutierbar.

　ルーン学の研究動向により、ラテン文字説（Wimmer など）および ギリシア文字説（Bugge など）が優勢になり（後に北イタリア文字説も加わり）、ルーン文字が直接フェニキア文字に由来するという考え方は見向きもされなくなったという経緯である。しかしながら、ルーン文字の起源に焦点を当て、この問題が未解決であるとする時、ルーン文字が直接的にどの文字体系に由来しているのかという点ばかりでなく、文字の形状・文字の名前・文字の配列・書記ルールなど多角的な観点から総合的に捉えていく必要がある。[178] 以

---

[178] Wenn man also sagt, daß das Problem der Herkunft der Runen ungelöst sei, so bezieht sich dies nicht auf die Urmutter, sondern die unmittelbare Mutter [, dasjenige Schriftsystem, nach

下、かつての「主要3学説」では説明しきれない諸点を軸にルーン文字全般の特性を考察していく。フェニキア文字説だけでは十分に説得的な説明とはならないまでも、「第4の学説」として有効に機能することをここで示したい。

　文字の形状については、4つの文字体系とも、もともと同じルーツであるので、程度の問題として扱うべきかもしれない。それでも相対的に見て、ルーン文字は特にギリシア文字・エトルリア文字と似ていると言えるであろう。先にこの章の第1節で見た文字配列に関する事柄は、ルーン学の当初から、その特異性に関心が集まり、多くの研究者がさまざまな説明を試みてきた分野である。とりわけルーン文字の配列の出だしは「フサルク」の名の如くf-u-þ-a-r-k と始まり（ABC 順でなく）、この場合には頭音法（acrophony）による説明が妥当であるように思われる。いずれにしても、フサルク全体での文字配列を考えるよりは、むしろ文字体系全体を部分に分けて考察する必要がある。また、書記法に関する傾向性として、ルーン文字には独自のルールがあり、この点、他の文字体系との対応関係を検討していかなければならない。こうしたいくつかの問題点を、これまでのようにラテン文字・ギリシア文字・北イタリア文字だけに依拠するのではなく、新たにフェニキア文字を加えて改めて問題のありかを捉え直すことによって、ルーン文字の起源を解明する方向にもっていきたい。

---

dem die Runenschrift – bestehend aus Buchstaben-Formen, Buchstaben-Namen, Buchstaben-Reihenfolge, Schreibregeln usw. – gestaltet ist].「ルーン文字の起源を論じる際、もともとの由来ではなく、この文字体系が直接どのアルファベットから来たのかが問題になる」（Vennemann 2011:48）

第4章　ルーン文字の起源

第2節 第1項　頭音法に基づく文字配列

　フサルクの並びは頭音法（acrophony）に基づいて配置されている。頭音法を具体例に即して示すと次のようである。

文字の種類＼文字の意味	牛の頭	家	掌	突き棒	水	目	人の頭	印
原シナイ文字（前15世紀）								
ウガリト文字（前14世紀）								
フェニキア文字（前10世紀）								
フェニキア文字（前6～前5世紀）								
古典ギリシア文字	A	B	K	Λ	M	O	P	T
ラテン文字	A	B	K	L	M	O	R	T

文字の変遷[179]

　こららの文字は、例えば「水」を表わす mēm は m、「人の頭」の表わす rēš は r というように、各字母の最初の単音を音価としている（頭音法 acrophony の原則）。すなわち、mēm という文字は「水」という意味をもち、m という音を表わし、rēš という文字は「人の頭」という意味をもち、r という音を表わす。先述のとおり、アルファベットという名称自体、文字列の最初の2文字、つまり āleph（アレフ「牛」）と bēth（ベート「家」）をつなぎあわせたものに他ならない。ラテン文字でも A「アー」、B「ベー」は、ギリシア語のアルファ（α）・ベータ（β）を経由して、フェニキア文字の āleph「牛」、bēth「家」の語頭音に遡る。
　そもそも、ルーン文字が一つ一つ意味を有しているが、その意味というのが「馬」・「太陽」といった日常語的な名詞であるという特性については、すでに Braunmüller（1998）が指摘している。決して、動詞的（食べる・歩く

---

[179] 栗田伸子・佐藤育子（2009:38-40）『通商国家カルタゴ』講談社．

など)、あるいは形容詞的（美しい・明るい）な意味ではない点が注目に値する。この点を踏まえた上で、ルーン文字・フェニキア文字の配列順に意味の対応を見比べてみると、フサルクの出だしが fehu (「家畜」という意味) というルーン文字（音価は f ）で始まるという事実と、フェニキア文字の最初の文字が āleph「牛」（音価は ? ＜声門閉鎖音＞）であることの間に意味上の関連性を見出すことは無理のない作業である。[180] しかも、紀元前 2～1 世紀のフェニキア文字の āleph は、当時のラテン語の F よりも、ルーン文字の f に形状が似ている。

ルーン文字の f [181]　　フェニキア文字の f [182]

続いて、ルーン文字（2番目）の u とフェニキア文字（紀元前 2～1 世紀）の gīmel「ラクダ」の間にも形状の類似が見られる。ūruz が意味するのはオーロクス[183]（野生の牛）で「大きな動物」という意味の上での共通点であるが、そもそもゲルマンの世界にラクダは知られておらず、相当すると考えられた動物をあてがった可能性がある。さらに3番目のルーン文字 þur はフェニキア文字（紀元前 2～1 世紀）の dāleth「戸」に似ている。フェニキア文字側には [θ] 音を表記する記号はなかったため [d] 音で代用し（ヴェルナーの法則がはたらいていた、すなわち、[θ] 音と [d] 音が異音の関係であった可能性もある）、意味の上ではゲルマン語の dur-i「戸」、dur-a「門」が対応している。この他のすべての文字の対応関係（ルーン文字・フェニキア文字）において意味の類似性が見られるわけではないのには、フェニキア文字の側の事情による。つまり、フェニキア文字の個々すべてにおいて、文字に付与された意味がもはや認識できる状況とは限らないのである。この点についてはイェンセン Jensen (1969:272f.) が記している。

---

[180] Heizmann (2010), Bang (1997), Miller (1994)。

[181] Jensen (1969:543)

[182] Friedrich & Röllig (³1999:Tafel IV)

[183] 17 世紀に絶滅した牛の一種。

第4章　ルーン文字の起源

「確実に意味がとれるのは次の文字だけである：āleph「牛」、bēth「家」、mēm「水」、nūn「魚」など」

Sicher deutbar sind wohl nur die folgenden Namen: *āleph* = Rind, *bēth* = Haus, [...], *mēm* = Wasser, *nūn* = Fisch, [...].

　文字体系同士の関連性を全面的に記述するには、ルーン文字とフェニキア文字が対応する実証例の数が確かに十分ではない。しかしながら、これまでのように文字の形状を主な論点として、ラテン文字説・ギリシア文字説・北イタリア文字説に拠っている限り、なぜフサルクが頭音法（acrophony）をとっているのか説明できない。ギリシア文字のアルファ（α）・ベータ（β）にはフェニキア文字の文字名（アレフ・ベート）の名残りが見てとれるが、音の上での対応関係を優先し、個々の文字のもつ意味を引き継いでいるわけではない（ラテン語は文字一つ一つに意味はなく、ただ音価だけを採り入れている）。

　片や、アルファベットの後半部分（p・z・s・t）の文字の並びに注目してみると、ルーン文字の本来の文字列は、ラテン文字・ギリシア文字・北イタリア文字と同様、遡ればフェニキア文字の文字の配列と同じでないかと考えられる。

ルーン文字の起源

ラテン文字	p		q	r	s	t
エトルリア文字	p	ś	q	r	s	t
ギリシア文字（西）	p			r	s	t
フェニキア文字	p	ṣ	q	r	š	t
ルーン文字	p			z	s	t

　この表のルーン文字の列の中に、ゲルマン祖語の有声摩擦音 z が西・北ゲルマン語で r になるプロセス（ロタシズム、紀元後4世紀）[184] を組み込めば、全体の文字の並びが同じになっていることがわかる。

---

[184] 西ゲルマン語・北ゲルマン語で共に。

第4章　ルーン文字の起源

第2節 第2項　子音の表記法

　ルーン文字には独特の書記ルールがある。一つは、CC → C：二重子音は単一の子音で表記されるというものである。ルーン文字では、同じ子音が2つ続く場合（しかも語の境界を越える場合も：C#C → C）1つの子音で書かれる。[185] 例えば、Fino「フィノ（女性名）」は Finno という表記と並行して見出される（Bergå の石）。また、同じ Atrå 銘文の中でも þessa：þesar という両方の表記がある。もう一つ独自の書記法とは NC → C：調音位置が同じ子音の前で鼻音が消失するというものである。鼻音が次に続く子音（同じ調音位置）に同化し（NC → CC）、その結果、生じる CC という二重子音は1つの子音で表記されるため（CC → C）、鼻音が消失する（NC → C）。例えば、中世初期のデンマーク銘文で ubl（15回）：kumbl（3回）「墓石」という表記の揺れが見られたり、hadulaikaz（Kjølevig 銘文）で ha-n-dulaikaz という語形から n が落ちた現象が見出されたりしている。これらと同じ書記ルールがフェニキア文字にもある。[186] 具体的に示せば、milkittī「Kition の王」では本来の語形 milk Kittī の k が1文字で表記されており、また、katī 'ich war' や šat(u)「年」はそれぞれ kantī, šant(u) に由来し t の前で鼻音 n が消失している。

　これら2つの書記ルールは、ラテン語やギリシア語の書記慣習ではない、ルーン文字・フェニキア文字特有のものである。もっとも、後期のフェニキア文字ではラテン語の名前などを記すときに二重子音が使われてはいる。[187] ギリシア語はむしろ、フェニキア文字を導入した際、フェニキア文字の書記習慣と異なり、二重子音には2つの子音を用いるという書き方をするようになったのである。

---

[185] Düwel (³2001:11)
[186] Friedrich & Röllig (³1999:§57, §99.c)
[187] Friedrich & Röllig (³1999:§97.b)

第2節 第3項　各語の区切り

　ルーン銘文では、語と語の切れ目は明示されていない。ギリシア語・ラテン語は、ゲルマン人に、あるいは、ポエニ戦争後に征服されたカルタゴのフェニキア人に、むしろ語の区切りをもたらした側であることを Friedrich & Röllig (^{3}1999: §3) が次のように述べている。

> 「後期ファニキア文字の時代になって、ギリシア語・ラテン語の影響を受け、点やスペースによって各語の区切りが示されるようになる」

> Erst in spätpunischen Inschriften findet sich unter griechisch-römischem Einfluß gelegentlich wieder Worttrennung, teils durch Punkte …, teils durch Spatien in unserer Art.

　フェニキア銘文は、フェニキア本土やカルタゴを含む北アフリカだけでなく、メソポタミア・トルコ・ギリシア・エジプト・キプロス・シチリアなどからも出土している。そのうち初期のものは、語と語の切れ目を示すために線を引いたり点を打ったりして各語の区切りが示されている。しかしながら、後代の銘文では、語と語の間にまったく区切りが置かれておらず語と語の切れ目がわかりにくい。[188]

フェニキア銘文「タブニトの石棺」[189]

　一般的にはどの言語でも、語と語の切れ目がわかりにくければ、読みが困難になる。語と語の間に線や点など区切りを特に置かない書き方は、書記の

---

[188] Friedrich & Röllig (^{3}1999: §3)
[189] 現在はイスタンブールの考古学博物館所蔵。

第4章　ルーン文字の起源

形態としては原初的なものかもしれない。

第2節 第4項　半母音 w, j

　ルーン文字体系の中には、半母音を表わすw（wunjō ルーン）およびj（jēran ルーン）がある。確かに、u（ūruz ルーン），i（īsaz ルーン）が母音体系をなし、w・jは音韻論的にこれら（u・i）と異音の関係にあるという意味で余分なものとみなされるかもしれない。事実、w（wunjō ルーン）は後に銘文テキストの中で u（ūruz ルーン）に取って代わられることもしばしばであった。[190] また、w（wunjō ルーン）は þ（þurisaz ルーン）と形状が似すぎているという面もあった。

Runen:			Werte:		
ᚠ	þ	ᚺ	f	þ	χ
ᚲ	↑	<	p	t	k
B	ᛗ	X	b	d	g
ᛋ			s		
ᛉ			z		
ᛗ	ᛏ	○	m	n	ŋ
ᛚ			l		
ᚱ			r		
ᚹ	ᛃ		w	j	

ルーン文字とその音価
（Vennemann 2011:53）

　エトルリア語・ラテン語には半母音を表わす文字記号はない。古いギリシア語のディガンマ F（音価 [w]）は、エトルリア語では有声摩擦音に用いられ、ラテン語ではFが対応する。北イタリアの諸アルファベットも半母音を表わす記号をもちあわせていない。
　セム系の文字に母音を表わす文字記号はないが、フェニキア文字の中、[w] および [j] を表わす文字が見受けられる。[j] を表わす文字は、フェニキア文字でもルーン文字でも、文字体系全体の中で唯一、2つの離れた部分からなる記号であり、また、[w] を表わす記号についても、フェニキア文字・ルー

---

[190] Seebold（2006:162 & 166）

ン文字において文字の形状はある程度、似ていると言える。

　ここまでこの節（第2節の第1項～第4項）で検討してきたように、ルーン文字に関して、文字の形状はともかく、文字の配列順序や書記規則（鼻音が落ちる場合があったり語と語の間に区切りがなかったり）などを総合的に判断すると、次のまとめの表が示すとおり、フェニキア文字の特性をルーン文字はかなり色濃く反映しているのではないかと考えられる。二重子音の表記がない、あるいは、合字が頻繁に見られる等、ラテン文字・ギリシア文字・エトルリア文字といった文字体系には見受けられない諸点も含めて考え併せると、フェニキア文字に直接、起因すると想定され得るルーン文字の特徴がいくつかあることが認められるのである。

	フェニキア文字説	ラテン文字説	ギリシア文字説	エトルリア文字説
文字の形状の類似	±	±	＋	＋
文字配列（出だし）	＋	－	－	－
書記ルール（CC→C）	＋	－	－	±
書記ルール（NC→C）	＋	－	－	±
語の区切り	＋	－	－	－
半母音	＋	－	－	±

　このように、ルーン文字とフェニキア文字に共通する特性が数々見出され、かつ、それらの諸特性がラテン文字・ギリシア文字・エトルリア（北伊）文字には在証されないとなると、文字体系としてルーン文字はどの文字と類縁性をもつことになるであろうか。ルーン文字の直接的起源という根本問題の解決として「フェニキア文字説」を想定すれば、ルーン文字体系の全貌を解明するのに一貫した説明が可能となる。これまで考えられてきたようにルーン文字がラテン語やギリシア語のアルファベットに由来するとみなすよりも、ルーン文字の背景にフェニキア文字をおき、フェニキア文字文化圏の影響のもとルーン文字体系が誕生したと考える方が合理的であると言える。

第4章 ルーン文字の起源

まとめ

　本章冒頭でも述べたとおり、ルーン文字の銘文がゲルマン語の最古の姿から中世末期まで一次史料を残してくれているおかげで、ゲルマン語（特に北欧語）の古い姿をはっきり実在したものとして捉えることができる。このルーン銘文の史料を活用し、例えばウルフィラのゴート語文献と比較することを通し、5〜6世紀頃までのゲルマン諸語が東・北・西でほとんど差異のない共通の言語であったことを知ることが可能である。今後、ヨーロッパ古代・中世史に関する広い視野からの歴史学的アプローチと並んで、これまで推測の域を出ないようなテキスト（ルーンの呪術的用法など）の解明のための民俗学的アプローチを援用することで、ことばの問題を中心に据えたルーン学にさまざまな研究基盤が与えられよう。[191]

　ルーン銘文がローマとの国境付近よりもむしろドイツとバルト海の間のスカンディナヴィア地域に集中していること、かつ、かなり早い時期にアルファベット文字体系が北ヨーロッパに広まっていること等の事実に基づいて判断すれば、起元前5世紀から3世紀終わりまで大西洋岸を支配していたカルタゴのフェニキア文字が直接ルーン文字に影響を及ぼした可能性も十分、考えられる。実際、ルーン文字の出自に関する新しい学説として、この文字の伝播は陸路経由ではなく、むしろ海路によるものと考えられないだろうかという説が提唱されている。アメリカのルーン学者 Antonsen（2002）は、文字を書く技術・知識が海路を経て北ヨーロッパに伝わったという経路を想定している。[192] 同じく海路による文字伝播を想定する考え方をとりながらも、[193]

---

[191] ケルトのオガム文字についても研究の進展が俟たれる。

[192] Antonsen（2002:116）:「書記の技術が北ヨーロッパに伝わったのが大陸を通ってでなく地中海から海路を経てのことであるというのは十分に考えられる。当時から北ヨーロッパと地中海世界の間に海路によるさまざまな交流があったという事実が知られている」。

[193] かつてマッシリア（ギリシアの植民都市、現在のマルセイユ）のギリシア人探検家・地理学者ピュテアス Πυθέας が北西ヨーロッパへの冒険航海に出た（紀元前325年頃）ことが知られている。彼がゲルマン人に関して記録を残した最初の人物であり、グレートブリテン島各地を訪れたと言われている。ピュテアスはカディス・サグレス岬について航海の記録をとっていることから、彼はジブラルタル海峡を通ってポルトガルの海岸に沿って北へ帆走していったと考えられる。

Antonsen のようにギリシア文字の伝播を考えるのではなく、[194] フェニキア文字が海路で北ヨーロッパに伝わったのではないかという考えの研究者もいる。[195]

　従来の学説（ラテン文字説・ギリシア文字説・北イタリア文字説）とは大きく異なり、新たにフェニキア文字が海路により北ヨーロッパまで伝わったのではないかという文字伝播のルートを想定する見方をとることにより、ルーン文字体系の成立プロセスをうまく説明できる可能性が現実味を帯びてくる。主として文字配列の変遷を軸として、音変化などゲルマン語に起こり得る諸段階をたて、ルーン文字誕生の背景にフェニキア文字を想定する方が（これまで考えられてきたようにルーン文字はラテン語やギリシア語のアルファベットに由来するとみなすよりも）ルーン文字体系の全貌を解明するのに筋の通った説明ができる。先史のルーン文字がどこか他文化圏のアルファベットを援用したとすれば、そこに関わったのがフェニキア文字のアルファベットであったとみなすのが考古学・歴史学的にも根拠付けが容易で無理がない自然な説明となる。確かに、祖フサルク（Ur-Fuþark）の復元などいくつかの課題が今日なお残されてはいるが、本論のような新しい視点から見れば明らかになるルーン文字体系に関する言語現象は少なくない。例えば、ルーン文字の体系が通時的にどのように発達したのか、その過程を辿り次のようなプロセスをたてるのである。

f b u d e w z h j k l m n ñ p r s t

　このような祖フサルク（Ur-Fuþark）の段階から徐々に、今日に伝わる形でのフサルク（Fuþark）が形作られていった。まず e（長音）が a（長音）となり、b の移動（2 番目の位置から末尾へ）が加わり文字体系の変化が始まる。

---

[194] ギリシア人はかなり早くから小アジアをはじめスペインにまで移民し、これに伴いギリシア語の使用範囲が地中海全域に拡がった。
[195] Vennemann（2006/2009）

第 4 章　ルーン文字の起源

F ï ê È W ú H J K I M n Á P u S t b
f u d a w z h j k l m n ñ p r s t b

　r 音化（Rhotazismus）が起こった後、z の位置に r が入り、i が j に並置される。末尾に e が加わり次のような体系になる。

F ï ê È u W H I J K I M n Á P ú S t b E
f u d a r w h l j k l m n ñ p R s t b e

　k が w の前に、また、n が i の前に置かれたり、半母音 l, m, n の順序が崩れ l, m が後ろの方に移動する。

F ï ê È u K W H n I J P ú S t b E M I Á
f u d a r k w h n l j p R s t b e m l ñ

　d が加わり、それまで /d/ も /θ/ も表わしていた þ が /θ/ だけを表わすようになる。さらに o が最後に加わる。

F u ê È r K W H n I J P ú S t b E M I Á D O
f u þ a r k w h n l j p R s t b e m l ñ d o

　このように、音変化・置き換え・添加などの段階を経て、今日伝わるフサルク（Fuþark）の姿に近づいて来る。

F u ê È r K G W H n I J ¨ P ú S t b E M I Á D Ɔ
f u þ a r k g w h n i j ï p R s t b e m l ñ d o

あとがき

　ギリシア人は非常に早くから小アジアをはじめスペインにまで移民し、これにつれギリシア語の使用範囲が広まった。[196] また、アレキサンダー大王（紀元前 356〜323 年）の遠征によってギリシア語はアジアにまで拡張したという経緯がある。ローマ帝国では広く世界共通語としてギリシア語のコイネー（口語体）が使用されていたのであった。[197] パレスチナにおいても広く用いられていたから、幼少時代にイエス・キリストもその弟子たちもギリシア語を耳にしていたことであろう。このコイネーのギリシア語で『新約聖書』も書かれたわけである。[198] 第 1 章で触れたパウロ以外にも伝道者は少なくない。特に広く伝道したのはオリゲネスで、彼はアレクサンドリア・カイサリアから出発し、シドン・テュロス・ボストラ・アンティオキア・ニコメディア・アテネ・ローマを回ったし、ヘルゲモネスの伝道などは近東からカルタゴにまで及ぶものであった。カルタゴの母胎となったフェニキア地方にはかなり早くからキリスト教が存在した。ダマスコにはパウロの回心の時にすでにキリスト者がおり、またテュロス・プトレマイオスにもキリスト者がいた証拠がある。[199]

　さて、シルクロード、日本へ渡来した仏教の発祥地ともいうべきところ。ここは東の文化と西の文化が出会い、互いに関わりをもち合い、双方の文化

---

[196] フェニキア人の植民市は航海の中継基地、原料の積出港、現地人との取引の拠点としての性格が強い（本国から最も遠いものの、鉱物資源が豊富なイベリア半島南岸が重要視された。ギリシア人の場合、本土の土地不足や政治上の対立などを主な要因として植民が行われた（そのため特に、本土に近い南イタリアやシチリアに多くの都市が建設された）。なお、フェニキア人はジブラルタル海峡を越え、北はバルト海、南はカメルーン付近のギニア湾沿岸まで達していたと考えられる。http://homepage3.nifty.com/ryuota/earth/history06.html（2016 年 6 月アクセス）など参照。

[197] キケロは「ギリシア語はほとんどすべての民族の間で読まれているが、ラテン語はラテン民族（フランス・スペイン・ポルトガルなど）の狭い領域内に限られている」と言っている。

[198] 藤代（1989:39-40）

[199] オリゲネスはテュロスで亡くなり葬られた（藤代 1989:218-227）。

あとがき

がそれぞれ他によって影響を受けたところである。この地にもルーン文字によく似た文字が見出される。チュルク突厥帝国がモンゴリア高原に残した突厥碑文に刻まれた文字のことである。この文字は一般に「チュルク・ルーン文字」（Turkic runes）と呼ばれている。実際、この文字の使用はモンゴリア高原をはるか離れて中央アジア（タラス川やフェルガナ盆地さらにサマルカンドの東方ムグ山）に及んでいる。オルホン（Orkhon）川流域の「オルホン碑文」（8世紀）は、故人や出来事に関する記念碑を公式に刻んだものもあるが、その多くは個人的な立場から短い銘文を表記したものである。例えば鏡や容器などの小物には持ち主や作成者の名、もしくは格言めいたテキストが記されている。いずれにしてもチュルク・ルーン文字は古代のチュルク人世界の中でかなり広範囲に普及していたと考えられる。

	突厥文字	転写	表示音		突厥文字	転写	表示音
1		a	a, ä	20		g	g
2		i	ï, i, e	21		q	q
3		u	o, u	22		k	k
4		ü	ö, ü	23		q³	ïq, qï, q
5		b¹	b	24		q⁴	oq, uq, qo, qu, q
6		b²	b	25		k³	ök, ük, kö, kü, k
7		d¹	d	26		š	š, s
8		d²	d	27		s¹	s, š
9		y¹	y	28		s²	s, š
10		y²	y	29		m	m
11		l¹	l	30		ŋ	ŋ
12		l²	l	31		p	p
13		n¹	n	32		č	č
14		n²	n	33		č³	ič
15		r¹	r	34		z	z
16		r²	r	35		ñ	ñ
17		t¹	t	36		lt	lt
18		t²	t	37		nt	nt
19		Y	Y	38		nč	nč

突厥文字の音価（オルホン碑文）（『言語学大辞典』2001）

チュルク・ルーン文字の多くは右から左に横書きされ、上から下に行を追っているが、一部、漢文の影響からかテキストを左に 90 度回転させて縦書きされ上から下に読まれる。また右に回転させて下から読む碑文もある。岩や丸石に記されたものは比較的自由な表記の方法をとっている。

　東ヨーロッパ（南ロシア・北コーカサス・カマ川流域）のルーン文字（ドン・クバン Don-Kuban 銘文と呼ばれている）は、壁・牛骨・銀器などに記されているのが発見され、このルーン文字はチュルク・ルーン文字に実によく似ている。ただし、東ヨーロッパのルーン文字銘文は史料的に少量で、文字と音価の関係や言語の性格は今のところ十分にはわかっていない。ただ、これまでの先行研究で、銘文の言語はチュルク語に所属するものと一般に考えられている。チュルク・ルーン文字の起源は、確かに象形文字や家畜の烙印から発生したとするチュルク起源を唱える説もあるにはあったが、文字の名前が示すとおり、文字体系自体が借用された可能性もなくはない。東ヨーロッパのルーン文字およびチュルク・ルーン文字のもつ音節文字の要素から、これら両文字がセム系の文字（例：フェニキア文字）を継承していることは十分にあり得る。当該の諸文字の形状・形態的特徴等を総合してみるに、ルーン文字は洋の東西を結ぶ接点の位置にあったかもしれないのである。[200]

---

[200] 『言語学大辞典』別巻「世界文字辞典」（2001:671-675）

参考文献

ウォルシュ M.O'C. / 薮下紘一 訳（1990）:『北欧語入門』北海道大学図書
エーノクセン L.M. / 荒川明久 訳（2012）:『ルーンの教科書』
岡崎 晋（1999）:「ルーン文字とそのメッセージ－スウェーデン、その他の北欧諸国のルーン文字銘文から－」『学習院大学言語共同研究所紀要』第 23 号、S.3-14.
小塩 節（2008）:『銀文字聖書の謎』新潮選書
クリスタル, D. / 風間喜代三・長谷川欣佑 訳（1992）:『言語学百科事典』大修館書店
栗田伸子・佐藤育子（2009）:『通商国家カルタゴ』講談社
河野六郎・千野栄一・西田龍雄（2001）:『言語学大辞典』別巻「世界文字辞典」三省堂
コムリー B. / 片田 房 訳（1998）:『世界言語文化図鑑』東洋書林
ジャン G. / 矢島文夫 訳（1990）:『文字の歴史』創元社
清水 誠（2012）:『ゲルマン語入門』三省堂
シュミット W. / 西本美彦 他 訳（2004）『総論 ドイツ語の歴史』朝日出版社
世界の文字研究会（2009）:『世界の文字の図典 普及版』吉川弘文館
タキトゥス / 泉井久之助 訳（1979）:『ゲルマーニア』岩波文庫
谷口幸男（1976）:『エッダとサガ』新潮選書
谷口幸男（1971）:『ルーン文字研究序説』広島大学文学部紀要（特別号１）
谷口幸男（1976）:『エッダとサガ』新潮選書
谷口幸男（1987）:『ゲルマンの民俗』渓水社
西田龍雄（1981）:『世界の文字』講座言語第五巻、大修館書店
原 真由美（2005）:『ルーンの系譜』(http://www.runsten.info)
ハルベリ P. / 岡崎 晋 訳（1990）:『北欧の文学（古代・中世編）』鷹書房
ハーレイ H.H.（³2003）:『聖書ハンドブック』聖書図書刊行会
ヒーリー J. / 竹内茂夫 訳（1995）:『初期アルファベット』學藝書林（大英博物館双書）
カーロイ・フェルデシ＝パップ / 矢島文夫 他 訳（1988）:『文字の起源』岩波書店
ページ R.I. / 菅原邦城 訳（1996）:『ルーン文字』學藝書林（大英博物館双書）
マン J. / 金原瑞人・杉田七重 訳（2000）:『人類最高の発明アルファベット』晶文社
モーリス W.M.P. / 唐須教光 訳（1995）:『古代文字の話－エジプト象形文字から線文字Bまで－』講談社学術文庫
藤代泰三（1989）:『キリスト教史』嵯峨野書院
矢島文夫（1999）:『解読 古代文字』ちくま学芸文庫

Agrell, Sigurd (1938) „Die Herkunft der Runenschrift." *Kungliga Humanistiska Vetenskapssamfunet i Lund*, Årsberättelse 1937/1938, IV. Lund. S.65-117.
Anderson, Carl Edlund (2005) "The Runic System as a Reinterpretation of Classical Influences

and as an Expression of Scandinavian Cultural Affiliation." https://www.carlaz.com/phd/ AndersonCE_1999_Runes_and_Reinterpretation.pdf

Antonsen, Elmer (2002) *Runes and Germanic Linguistics.* Berlin : Mouton de Gruyter.

Arntz, Helmut (1938) *Die Runenschrift.* Tübingen : Max Niemeyer.

Arntz, Helmut (2009=²1944) *Handbuch der Runenkunde.* Tübingen : Max Niemeyer.

Askeberg, Fritz (1944) *Norden och kontinenten i gammal rid. Studier i forngermansk kulturhistoria.* Uppsala.

Bammesberger, Alfred & Waxenberger, Gaby (2006) : *Das fuþark und seine einzelsprachlichen Weiterentwicklungen.* Akten der Tagung in Eichstätt vom 20. bis 24. Juli 2003. Berlin : Walter de Gruyter.

Bang, Jørgen (1997) "Runes: Genealogy and grammatology." An augmented version of the original Danish essay *Runernes genealogi og grammatologi* which was presented at Aarhus University 10 Oktober 1996. Odense: Odense University, Institute of Language and Communication.

Barnes, Michael (2012) *Runes. A Handbook.* Woodbridge : The Boydell Press.

Braunmüller, Kurt (1998) „Methodische Probleme in der Runologie – einige Überlegungen aus linguistischer Sicht." In: Düwel, K. & Nowak, S. (Hg.) *Runeninschriften als Quellen interdisziplinärer Forschung.* 1998. Berlin : Walter de Gruyter. S.3-23.

Bugge, Sophus. (1899) "Om Runeskriftens Begyndelser." In: *Beretning om Forhandl. paa det 5te nord. Filologmøde.* Kopenhagen. S.57.

Cunliffe, Barry & Koch, John (2010) *Celtic from the West.* Oxford : Oxbow Books.

Darms, Georges (1989) „Sprachnormierung und Standardsprache." In: Holtus, G., Metzelin, M., & Schmitt, Ch. (Hg.) : *Lexikon der romanistischen Linguistik*, Vol. III, 1989, Tübingen : Max Niemeyer, S.827-853.

Düwel, Klaus (1981a) "The Meldorf Fibula and the Origin of Runic Writing." *Michigan Germanic Studies*, 7, S.8-14.

Düwel, Klaus (1981b) "Runes, Weapons, and Jewelry: A Survey of Some of the Oldest Runic Inscriptions." *Mankind Quarterly* 21, S.71-73.

Düwel, Klaus (³2001, ⁴2008) *Runenkunde.* Stuttgart : Metzler.

Düwel, Klaus. & Gebühr, Michael (1981) „Die Fibel von Meldorf und die Anfänge der Runenschrift." *ZdA* 110, S.152-175.

Eichner, Heiner (2006) „Zu den Quellen und Übertragungswegen der germanischen Runenschrift – Ein Diskussionsbeitrag." In: Bammesberger, A. & Waxenberger, G. (Hg.) : *Das fuþark und seine einzelsprachlichen Weiterentwicklungen.* 2006. Berlin : Walter de Gruyter. S.101-108.

Friedrich, Johannes & Röllig, Wolfgang (³1999) *Phönizisch-punische Grammatik.* Rome : Edit-

参考文献

rice Pontificio Instituto Biblico.
Friesen, Otto von (1904) *"Om runskriftens härkomst."* In: Språkvetenskapliga sällskapets i Uppsala förhandlingar 2. S.1-55.
Friesen, Otto von (1913) *"Runskriftens härkomst. "* In: *Nordisk tidsskrift for filologi* (serie 4) 1. S.161-180.
Haarmann, Harald (²1991) *Universalgeschichte der Schrift.* Frankfurt : Campus.
Hammerström, Magnus (1929) "Om runskriftens härkomst." In *Studier I nordisk filologi.* 20. S.1-67.
Hansen, Ulla Lund (1995) *Die Runen der römischen Kaiserzeit Himlingøje - Seeland - Europa Nordiske Fortidsminder Serie B 13.* København : Det Kongelige Nordiske Oldskriftselskab.
Heizmann, Wilhelm (2010) „Zur Entstehung der Runenschrift." In: J.O.Askedal et al. (Hrsg.), *Zentrale Probleme bei der Erforschung der älteren Runen.* 2010. Frankfurt : Peter Lang. S.9-32.
Henriksen, Mogens Bo (1996) *Harja-kammen fra Vimose-fundet Fynske Minder.* Odense : Odense Bys Museer.
Høst, Gerd (1976) *Runer. Våre eldste norske runeinnskriftere.* Oslo: Aschehoug.
Jensen, Hans (1925) *Geschichte der Schrift.* Hannover : Orient-Buchhandlung Heinz Lafaire.
Jensen, Hans (1969) *Die Schrift in Vergangenheit und Gegenwart.* Berlin : VEB Deutscher Verlag.
Jansson, Sven (³1984) Runinskrifter i Sverige. Stockholm : AWE/Gebers.
Klingenberg, Heinz (1976) „Runenfibel von Bülach, Kanton Zürich." *Alemannica. Festschrift für B. Boesch.* Bühl/Baden.
König, Werner (2007) *Dtv-Atlas Deutsche Sprache.* München : dtv.
Krause, Wolfgang (1970) *Runen.* Berlin (Sammlung Göschen).
Larsson, Patrick (2005) "Runes." In: McTurk, Rory (Hg.) : *A Companion to Old Norse-Icelandic Literature and Culture.* 2005, Malden, Mass.: Blackwell Publishing, S.403-426.
Looijenga, Tineke (1997) *Runes around the North Sea and on the Continent AD 150-700 : Texts & Contexts.* Groningen (Dissertation Universität Groningen).
Looijenga, Tineke (2003) *Texts & Contexts of the Oldest Runic Inscriptions.* Leiden/Boston : Brill.
Marstrander, Carl Johan (1928) "Om runene og runenavnenes oprindelse." In *Norsk tidsskrift for sprogvidenskap.* 1. S.5-179.
Meyer, Richard Moriz (1896) „Runenstudien." In *Beiträge zur Geschichte der deutschen Sprache und Literatur.* XXI. S.162-184.
Miller, Gary (1994) *Ancient scripts and phonological knowledge.* Amsterdam Studies in the Theory and History of Linguistic Science, Series IV: Current Issues in Linguistic Theory 116.

Amsterdam : John Benjamins.

Moltke, Erik (1985) *Runes and Their Origin. Denmark and Elsewhere*, Copenhagen : National Museum of Denmark, Nationalmuseets Forlag.

Morris, Richard (1988) *Runic and Mediterranean epigraphy.* Odense (North-Western European Language Evolution, Supplement 4).

Nedoma, Robert (2006) „Schrift und Sprache in den südgermanischen Runeninschriften." In: Bammesberger, A. & Waxenberger, G. (Hg.) : *Das fuþark und seine einzelsprachlichen Weiterentwicklungen.* 2006. Berlin : Walter de Gruyter. S.109-156.

Nowak, Sean (2003) *Schrift auf den Goldbrakteaten der Völkerwanderungszeit: Untersuchung zu den Formen der Schriftzeichen und zu formalen und inhaltlichen Aspekten der Inschriften.* Dissertation, Universität Göttingen.

Odenstedt, Bengt (1990) *On the Origin and early History of the Runic Script.* Uppsala: Almqvist & Wiksell International.

Penzl, Herbert (1989) „Die Gallehusinschrift: Trümmer der nordisch-westgermanischen Ursprache." In: Beck H. (Hg.) : *Germanische Rest- und Trümmersprachen.* 1989. Berlin : Walter de Gruyter. S.87-96.

Pedersen, Holger (1923) "Runernes oprindelse." *Aarbøger for nordisk oldkyndighed og historie* 1923. S.37-82.

Philippa, Marlies, & Aad Quak (1994) : *Runen. Een helder alfabet uit duistere tijden*, Amsterdam : T. Rap.

Seebold, Elmar (2006) „Das *fuþark* auf den Brakteateninschriften." In: Bammesberger, A. & Waxenberger, G. (Hg.) : *Das fuþark und seine einzelsprachlichen Weiterentwicklungen.* 2006, Berlin : Walter de Gruyter. S.157-168.

Seim, Karin Fjellhammer (2007) „Runologie." In: Odd Einar Haugen (Hg.) : *Altnordische Philologie : Norwegen und Island.* 2007. Berlin (aus dem Norwegischen von Astrid van Nahl), S.147-222.

Spurkland, Terje (2001) *I begynnelsen var fuþark. Norske runer og runeinnskrifter.* Oslo : Landslaget for norskundervisning, Cappelen akademisk forlag (= LNUs skriftserie; 138).

Stoklund, Marie (2006) *„Vimose. Runologisch."* *Reallexikon der Germanischen Altertumskunde.* Berlin : Mouton de Gruyter. S.410f./410-414.

Streitberg, Wilhelm (^{3}1950) *Die gotische Bibel.* Heidelberg : Carl Winter.

Vennemann, Theo (2006) „Germanische Runen und phönizisches Alphabet." *Sprachwissenschaft* 34, S.367-429.

Vennemann, Theo (2009) „Zur Reihung der Runen im älteren Fuþark." In: Wilhelm Heizmann, Klaus Böldl & Heinrich Beck (Hg.) : *Analecta Septentrionalia: Beiträge zur nordgermanischen Kultur- und Literaturgeschichte.* 2009. Berlin : Walter de Gruyter. S.834-863.

参考文献

Vennemann, Theo (2011) „Griechisch, lateinisch, etruskisch, karthagisch? Zur Herkunft der Runen." In: Elvira Glaser, Annina Seiler & Michael Waldispühl (Hg.) : *LautSchriftSprache*, Beitäge zur vergleichenden historischen Graphematik. 2011. Zürich : Chronos. S.47-82.

Vennemann, Theo (2012) *Germania Semitica*. Berlin : Mouton de Gruyter.

Wanner, Gerhard (2012) „Räter und Rätoromanen in der Geschichtsschreibung Vorarlbergs," In: Wanner Gerhard & Jäger Georg (Hg.) : *Geschichte und Gegenwart des Rätoromanischen in Graubünden und im Rheintal*. Chur : Desertina, S.69-100.

Wimmer, Ludvig (1887) *Die Runenschrift*. Berlin : Weidmannsche Buchhandlung.

> 著者紹介

河崎　靖［かわさき・やすし］京都大学教授（ゲルマン語学）

目録進呈　落丁本・乱丁本はお取替えいたします。

平成29年1月30日　　Ⓒ 第1版発行

著　者	河　崎　　　靖
発 行 者	佐　藤　政　人

発　行　所

株式会社　大 学 書 林

東京都文京区小石川4丁目7番4号
振替口座　00120-8-43740番
電話　(03)3812-6281～3番
郵便番号　112-0002

ルーン文字の起源

ISBN978-4-475-01900-2　　　ロガータ・横山印刷・牧製本

大学書林
語学参考書

著者	書名	判型	頁数
河崎 靖・クレインス フレデリック 著	低地諸国（オランダ・ベルギー）の言語事情	A5判	152頁
河崎 靖 著	オランダ語学への誘い	A5判	128頁
河崎 靖・他著	スイス「ロマンシュ語」入門	A5判	160頁
河崎 靖・大宮康一・西出佳代 共著	ゲルマン語基礎語彙集	B6判	208頁
下宮忠雄 編	ゲルマン語読本	B6判	168頁
下宮忠雄 著	ゲルマン語対照辞典の試み	B6判	176頁
浜崎長寿 著	ゲルマン語の話	B6判	240頁
森田貞雄 著	ゲルマーニアをめぐって	B6判	138頁
朝倉純孝 著	オランダ語辞典	A5判	1200頁
塩谷 饒 著	オランダ語文法入門	B6判	192頁
朝倉純孝 著	オランダ語文典	B6判	224頁
清水 誠 著	現代オランダ語入門	A5判	336頁
鳥井裕美子 編	オランダ語会話練習帳	新書判	228頁
檜枝陽一郎 編	オランダ語基礎1500語	新書判	152頁
朝倉純孝 編	オランダ語常用6000語	B小型	328頁
朝倉純孝 著	オランダ語会話ハンドブック	B6判	248頁
斎藤 信 著	日本におけるオランダ語研究の歴史	B6判	246頁
森田貞雄 著	アイスランド語文法	A5判	304頁
下宮忠雄・金子貞雄 著	古アイスランド語入門	B6判	176頁
森 信嘉 著	アイスランド語基礎1500語	新書判	176頁

―目録進呈―

大学書林
語学参考書

著者	書名	判型	頁数
乙政　潤 著	入門ドイツ語学研究	A5判	200頁
森保雅浩／草本晶 著	ドイツ語分類単語集	新書判	280頁
乙政　潤 著	日独比較表現論序説	A5判	202頁
工藤康弘／藤代幸一 著	初期新高ドイツ語	A5判	216頁
古賀充洋 著	中高ドイツ語	A5判	320頁
浜崎長寿 著	中高ドイツ語の分類語彙と変化表	B6判	176頁
高橋輝和 著	古期ドイツ語文法	A5判	280頁
鈴木康志 著	体験話法	A5判	224頁
橋本政義 著	ドイツ語名詞の性のはなし	A5判	152頁
小島公一郎 著	ドイツ語史	A5判	312頁
浜崎長寿／乙政潤／野入逸彦 著	日独語対照研究	A5判	248頁
乙政　潤 著	ドイツ語オノマトペの研究	A5判	400頁
福元圭太／嶋崎啓 著	ドイツ語　不定詞・分詞	B6判	192頁
乙政　潤 著	ドイツ語とのつきあい方	A5判	256頁
塩谷　饒 著	ルター聖書	A5判	224頁
石川光庸 著	古ザクセン語　ヘーリアント（救世主）	A5判	272頁
田原憲和 著	ルクセンブルク語入門	A5判	152頁
児玉仁士 著	フリジア語文法	A5判	306頁
千種眞一 著	ゴート語の聖書	A5判	228頁
森田貞雄・他 著	古英語文法	A5判	260頁

―目録進呈―

大学書林
語学参考書

著者	書名	判型	頁数
上田和夫 著	イディッシュ語文法入門	Ａ５判	272頁
間瀬英夫・他著	現代デンマーク語入門	Ａ５判	264頁
山下泰文 著	スウェーデン語文法	Ａ５判	360頁
森 信嘉 著	ノルウェー語文法入門	Ｂ６判	212頁
桜井 隆 編	アフリカーンス語基礎1500語	新書判	120頁
伊藤太吾 著	ロマンス語基本語彙集	Ｂ６判	344頁
伊藤太吾 著	日本語ロマンス語基本語彙集	Ｂ６判	760頁
小泉 保 著	改訂 音声学入門	Ａ５判	256頁
小泉 保 著	言語学とコミュニケーション	Ａ５判	228頁
下宮忠雄 編著	世界の言語と国のハンドブック	新書判	280頁
大城光正・吉田和彦 著	印欧アナトリア諸語概説	Ａ５判	392頁
千種眞一 著	古典アルメニア語文法	Ａ５判	408頁
小沢重男 著	蒙古語文語文法講義	Ａ５判	336頁
津曲敏郎 著	満洲語入門20講	Ｂ６判	176頁
小泉 保 著	ウラル語のはなし	Ａ５判	288頁
小泉 保 著	ウラル語統語論	Ａ５判	376頁
池田哲郎 著	アルタイ語のはなし	Ａ５判	256頁
黒柳恒男 著	ペルシア語の話	Ｂ６判	192頁
黒柳恒男 著	アラビア語・ペルシア語・ウルドゥー語対照文法	Ａ５判	336頁
大野 徹 編	東南アジア大陸の言語	Ａ５判	320頁
勝田 茂 著	オスマン語文法読本	Ａ５判	280頁

―目録進呈―